Dr. Mark A. Oelmüller / Dr. Thomas Peters

Die erste Zivilrechtshausarbeit

Grundlagen und Musterhausarbeiten

in memoriam

Prof. Dr. Christian Wollschläger

✝ Dezember 1998

Professor der Universität Bielefeld

Inhaltsübersicht

Einleitung

Das vorliegende Skript erscheint nunmehr in der **fünften** Auflage, nachdem alle Exemplare der vorigen Auflage restlos vergriffen sind. Die Neuauflage berücksichtigt aktuelle Rechtsprechung und Literatur.

Wie gewohnt ist dieses Skript für juristische Studienanfänger bestimmt und nicht als wissenschaftliches Lehrbuch gedacht. Es soll vielmehr durch die Sammlung von zivilrechtlichen Problemen, die häufig in einer Anfängerhausarbeit thematisiert werden, der Orientierungslosigkeit von Studienanfängern entgegenwirken.

An den meisten Universitäten wird man zwar durch verschiedenartige Vorträge an das Thema „Hausarbeiten" herangeführt, allerdings bieten solche Veranstaltungen häufig nicht ausreichend effiziente Hilfe. Mittlerweile sind bei den meisten Fachschaften auch Sammlungen von gelösten Hausarbeiten zu bekommen, diese sind aber in der Regel nicht korrigiert, sondern lassen den Leser an einigen Stellen „im Regen stehen".

Aus diesem Grund haben wir zunächst allgemeine Grundsätze sowie Hinweise zum Verfassen von Zivilrechtshausarbeiten genannt und anschließend 5 Hausarbeiten abgedruckt, mit denen die Arbeit hoffentlich erleichtert wird. Bestätigt werden wir dabei durch den großen Erfolg unserer Skripten und die erhaltenen Rückmeldungen unserer Leser.

Wie gewohnt finden sich wieder Randbemerkungen bei den Hausarbeiten, die helfen sollen, unnötige Fehler zu vermeiden und auf Schwerpunkte einer Arbeit hinweisen. Ferner bieten sie interessante und nützliche Vertiefungshinweise.

An dieser Stelle möchten wir nochmals folgenden Personen Dank aussprechen, ohne deren Mithilfe die Verwirklichung dieses Skriptes nicht möglich gewesen wäre: Prof. Dr. F. Jost, Prof. Dr. W. Grunsky, Prof. Dr. T. Pfeiffer, Prof. Dr. P. Salje, Lennart Böge, Katrin Verspohl, Frank Kröger, Anke Dörner, Julia Kleinertz, Stephanie Oelmüller und Peggy Rateike.

Dortmund / Bielefeld / Hamburg, im Juni 2008.

Dr. Mark Oelmüller   Dr. Thomas Peters

II

1. Teil: Grundlagen

I. Die ersten Schritte

1. Der Sachverhalt

Hat man sich den Sachverhalt abgeholt, heißt es erst einmal *lesen und verstehen*. Dabei gilt es auf „versteckte Hinweise" besonders zu achten. Denn übersieht man solche, gerät man schnell auf eine falsche Bahn. In der Regel sind alle Sachverhaltsangaben in dem späteren Gutachten zu verarbeiten.

2. Grobe Lösungsskizze erstellen

Nun gilt es einen Platz zu finden, an dem man ungestört überlegen kann, welche Anspruchsgrundlagen in Betracht kommen könnten. Dabei kann man durchaus die Ideen der anderen beachten, sollte sich allerdings nicht immer wieder von seinem eigenen Lösungsweg abbringen lassen.

Natürlich ist die Lösungsskizze nicht sofort bis in das kleinste Detail anzufertigen. Wichtig ist nur, dass eine Grobskizze erstellt wird, die durch die weitere Bearbeitung ständig verfeinert wird.

3. Gutachten erstellen

Dann ist es an der Zeit: Man nimmt seinen Entwurf der Lösung und geht in die Bibliothek, um die einzelnen Probleme zu erforschen. Dabei nimmt man sich zunächst einen Teil heraus und fängt an. Tja, wie fängt man an? Das wollen wir mit diesem Skript natürlich erklären.

Es gibt viele Hilfen. Für den Prüfungsaufbau der einzelnen Ansprüche ist die Schematareihe - *Die Schemata; Juristische Studienhilfen; Band 2* - empfehlenswert. In diesem Band sind zu allen Ansprüchen die jeweiligen Prüfungsreihenfolgen abgedruckt. Diese Schematareihe wird auch noch im weiteren juristischen Studium hilfreich sein.

 Ferner gibt es neben diesem auch noch weitere **Skripten** aus dem **Richter Verlag** in den Reihen *JURISTISCHE GRUNDKURSE; 25 FÄLLE* und **Streitstände kompakt,** die hierfür ebenso hilfreich sind.

II. Der Aufbau einer Hausarbeit

Schon bei den Formalien einer Hausarbeit gibt es Vorschriften, teils stillschweigende, teils auf dem Sachverhalt abgedruckte.

Die einzelnen Teile der Hausarbeit sind in folgender Reihenfolge anzuordnen:

> 1. **Deckblatt**
> 2. **Sachverhalt**
> 3. **Gliederung**
> 4. **Literaturverzeichnis**
> 5. **Gutachten mit anschließender Unterschrift**

zu 1: Das *Deckblatt* sollte wie folgt aufgebaut sein:

Name
Anschrift
Semesterzahl
Matrikelnummer

Hausarbeit im Bürgerlichen Recht
für Anfänger
Prof. Dr. Rosa Mütze
SS 2008

---

zu 2: Der *Sachverhalt* ist in Originalform zu übernehmen und stellt die zweite Seite der Hausarbeit dar.

zu 3: Die *Gliederung* vermittelt dem Leser einen Überblick über das Gutachten und zeigt ihm die gedankliche Abfolge der Prüfung. Dabei ist zu beachten, dass in der Juristerei der Aufbau nach einem strengen Muster erfolgt, nämlich dem **alphanumerischen** System, das dem Dezimalsystem vorzuziehen ist.

Das alphanumerische System gliedert sich wie folgt:
Teil 1, A, I, 1, a, (1), (a), (aa), (aaa), (aaaa).

Wichtig ist, dass einem Gliederungspunkt mindestens ein weiterer auf derselben Gliederungsebene folgt („wer A sagt, muss auch B sagen; wer I sagt, muss auch II sagen usw."). Teilweise wird in der Bezeichnung der Gliederungspunkte variiert, bspw. (α) statt (aaa). Hier sollte man sich mit den Gepflogenheiten an seiner Universität vertraut machen.

Jeder Gliederungspunkt ist mit einer Überschrift zu versehen, z.B.

A. *Anspruch des B gegen C auf Herausgabe des Porsches aus § 985 BGB*

zu 4: In das *Literaturverzeichnis* ist die gesamte Literatur aufzunehmen, die in den Fußnoten des Gutachtens zitiert wird. Hierbei sind Kommentare, Lehrbücher, Festschriften, Aufsätze, Anmerkungen zu Urteilen und Dissertationen aufzunehmen. Es empfiehlt sich zudem ein Standard-Abkürzungsverzeichnis anzugeben, um nicht ein eigenes erstellen zu müssen. Hingegen gehören zitierte Gerichtsentscheidungen und Fundstellen der zitierten Gesetze nicht in das Verzeichnis.

Der Aufbau sollte alphabetisch nach dem Namen der Verfasser erfolgen. Eine Untergliederung zwischen Kommentaren, Lehrbüchern usw. ist dabei nicht erforderlich, wird teilweise sogar nur ungern gesehen. Ein Beispiel ist hinter den abgedruckten Musterhausarbeiten zu finden.

zu 5: Bei dem *Gutachten* ist das DIN A4-Blatt in der Regel **einseitig**, mit der Schriftgröße **12 pt,** einem Zeilenabstand von **1,5** und mindestens einem linksseitigen Rand von **1/3 (7cm)** zu bedrucken. Die Überschriften im Gutachten müssen denen der Gliederung entsprechen. Die einzelnen Seiten sind mit Seitenzahlen zu versehen.

III. Die Zivilrechtshausarbeit

An dieser Stelle sollen kurz wichtige Standardformulierungen dargestellt und anfänger-spezifische Probleme gelöst werden.

Folgender Fall ist den Beispielen zugrunde gelegt:

A schließt mit B einen wirksamen Kaufvertrag über den Porsche des A zu einem Preis von 56.000 Euro. Kann er die Zahlung des Kaufpreises verlangen?

1. Der Gutachtenstil

Wichtig bei den juristischen Hausarbeiten ist die strenge Einhaltung des sogenannten „Gutachtenstils". Einer der häufigsten Fehler besteht darin, in den verpönten Urteilsstil zu verfallen. Beim Urteilsstil wird ein Ergebnis vorweggenommen und anschließend begründet.

So heißt es beispielsweise im Gutachtenstil:

> *„A könnte einen Anspruch auf Zahlung der 56.000 Euro gegen B haben, wenn zwischen ihnen ein wirksamer Kaufvertrag gem. § 433 BGB zustande gekommen ist. A und B haben einen Kaufvertrag über den Porsche zu einem Preis von 56.000 Euro geschlossen, so dass A einen Anspruch gem. § 433 II BGB gegen B auf Kaufpreiszahlung hat"*

und **nicht** wie im Urteilsstil

> *„Weil A und B einen Kaufvertrag geschlossen haben, hat A einen Anspruch auf Kaufpreis-zahlung gem. § 433 II BGB gegen B i.H.v. 56.000 Euro".*

Gutachtenstil heißt demnach zu subsumieren (lat.: unter ein Thema zusammenfassen), also:

> **a. Eine Frage im Konjunktiv aufwerfen**
>
> **b. Die Frage erörtern**
>
> **c. Die Frage beantworten**

a. Eine Frage im Konjunktiv aufwerfen

A könnte gegen B einen Anspruch auf Kaufpreiszahlung gem. § 433 II BGB in Höhe von 56.000 Euro haben.

b. Die Frage erörtern

Dann müsste zwischen A und B ein wirksamer Kaufvertrag gem. § 433 BGB zustan-de gekommen sein.

Laut Sachverhalt ist ein solcher Kaufvertrag geschlossen worden.

(Es wäre hier überflüssig, zu überprüfen, ob ein wirksamer Vertragsschluss vorliegt. Zum Abschluss eines Vertrages vgl. bspw. Brox/Walker, AT, § 8)

c. Die Frage beantworten

Aufgrund des Kaufvertrages hat A einen Anspruch gegen B auf Zahlung des Kaufpreises in Höhe von 56.000 Euro gem. § 433 II BGB.

Finden sich in den gewählten Formulierungen Wörter wie *„weil, da, denn"* oder ähnliche, so sollte überprüft werden, ob es sich nicht um Urteilsstil handelt.

Ausnahmsweise jedoch muss der Urteilsstil verwendet werden, wenn im Gutachten unstreitige Informationen aus dem Sachverhalt genutzt werden.

2. Das Gutachten an sich

Zunächst sollte zu jeder Anspruchsprüfung eine kurze Überschrift ausgewählt werden. Diese beinhaltet den vermeintlichen Anspruchsinhaber und -gegner, Anspruchsinhalt sowie die Anspruchsgrundlage.

> **Merksatz:**
> **Wer will was, von wem, woraus?**

Z.B.: *„Anspruch des A auf Kaufpreiszahlung i.H.v. 56.000 Euro gegen B aus § 433 II BGB"*

Danach folgt ein kurzer Einleitungssatz. Dieser beinhaltet die gleichen Elemente, fasst sie jedoch in einem Konjunktivsatz zusammen (vgl. oben: Frage im Konjunktiv aufwerfen).

Z.B.: *A könnte gegen B einen Anspruch auf Kaufpreiszahlung gem. § 433 II BGB in Höhe von 56.000 Euro haben.*

Im Folgenden werden dann die weiteren Prüfungspunkte behandelt, die hier im Einzelnen nicht erörtert werden sollen, sondern sich vielmehr aus Lehrbüchern, der oben genannten Schemareihe und den im Anhang abgedruckten Hausarbeiten ergeben.

Zu beachten ist bei den ausgewählten Formulierungen:

Alles was überflüssig ist, ist falsch!

3. Der Meinungsstreit

Häufig wird das Lösen von Fällen erst dadurch schwierig, dass über die zu behandelnden Probleme in der juristischen Fachwelt Streit herrscht. Die Aufgabe eines Hausarbeitenbearbeiters liegt nun darin, diese verschiedenen Meinungen darzustellen, unter **jeder einzelnen** den Sachverhalt zu subsumieren und sich, falls diese Meinungen zu unterschiedlichen Ergebnissen führen, in einem Streitentscheid für eine Meinung zu entscheiden.

Zunächst ist der Meinungsstreit einzuleiten. Das kann z.B. mit den folgenden Formulierungen geschehen:

- *„Über ... herrscht Streit"*
- *„Zur Problematik der ... haben sich unterschiedliche Meinungen gebildet"*
- *„Über ... herrscht zwischen Rechtslehre und Rechtsprechung keine Einigkeit"*

In der Regel sollte jede einzelne Meinung durch einen Untergliederungspunkt sauber gekennzeichnet werden. Auf gar keinen Fall darf eine Gegenmeinung nur dergestalt dargestellt werden, dass auf sie in einer Fußnote verwiesen wird (z.b. nicht: Oelmüller/Peters, JuS 2008, 22; a.A. Kröger, JA 2007, 456). Die einzelnen Meinungen können wie folgt eingeleitet werden:

- *„Vom Standpunkt der ... (Meinung benennen) ist ..."*
- *„Im Gegensatz dazu stellt die Lehre / Rechtsprechung auf ... ab"*
- *„Die Gegenmeinung stellt auf ... ab"*

Nach der Darstellung einer Meinung ist sofort zu subsumieren, also das Ergebnis für den Fall nach dieser Meinung festzustellen. Sodann ist entsprechend mit der nächsten Ansicht zu verfahren, usw.

Sind alle Meinungen auf diese Art behandelt, ist die Relevanz des Streites festzustellen: kommen alle Ansichten zum gleichen Ergebnis, so hat der Streit keine Auswirkung auf das Ergebnis für den vorliegenden Fall, es entfällt daher ein Streitentscheid.

Vielmehr kann dann durch folgende Phrasen das Ergebnis dargestellt werden:

- *„Die dargestellten Meinungen kommen allesamt zu dem Ergebnis, dass ..., so dass ein Streitentscheid vorliegend dahinstehen kann."*
- *„Ein Entscheid entfällt, da alle Meinungen zum gleichen Ergebnis gelangen."*

Andernfalls ist ein Streitentscheid erforderlich, allerdings nur, soweit die Auffassungen zu unterschiedlichen Ergebnissen gelangen. Dazu ist dann ein eigener Untergliederungspunkt zu bilden. Darin müssen die Argumente, die für und die gegen die jeweiligen Meinungen sprechen, dargestellt, gegeneinander abgewogen und durch die Argumente eine Entscheidung begründet werden. Argumente finden sich auch in Lehrbüchern, Kommentaren und vor allem in Aufsätzen. Für die Darstellung des Streitscheides können folgende Phrasen benutzt werden:

- *„Dieser Ansatz führt zu widersprüchlichen Ergebnissen, denn ..."*
- *„Die Gegenmeinung setzt sich nicht mit ... auseinander und vereinfacht so unzulässig das Problem"*
- *„Nur auf diesem Wege lässt sich erreichen, dass ..."*

4. Fußnoten

Da man sich in einer juristischen Hausarbeit an vertretene und vertretbare Meinungen zu halten hat, sind Textstellen, die man aus einem Lehrbuch, Kommentar o.ä. wiedergibt, zu kennzeichnen. Dieses erfolgt durch Fußnoten, durch die die zitierte Textstelle am Seitenende belegt wird, z.B.:[2] *Brox, BGB AT, Rn. 80.*

Bei Aufsätzen und Urteilen aus Fachzeitschriften ist in den Fußnoten der Name des Verfassers bzw. des Gerichtes, die entsprechende Zeitschrift mit Jahrgang, die erste Seite des Aufsatzes oder des Urteils und die Seite, auf welcher die zitierte Textstelle zu finden ist, anzugeben: z.B.: BGH NJW 1989, 320, 333.

Das Ende der Fußnote ist mit einem Punkt zu versehen.

Die im Gutachten zitierte Textstelle muss Allgemeingültigkeit aufweisen und darf daher nicht sachverhaltsbezogen verwendet werden.

Richtig: *Die* Willenserklärung *ist eine private Willensäußerung, die auf die Erzielung einer privatrechtlichen Rechtsfolge gerichtet ist.[2] Hier hat A ... Somit liegt eine Willenserklärung vor.*

Falsch: *A* äußerte *seinen Willen zum Verkauf des Porsche, um damit eine privatrechtliche Rechtsfolge zu erzielen[2].*

Vorsicht vor sogenannten Blindzitaten! Sind in einem Kommentar oder Lehrbuch scheinbar zitierfähige Nachweise angegeben, sollte diese Quelle überprüft werden. Nicht selten finden sich hier Fehlerquellen, auf die der Korrektor unangenehm reagieren wird.

An dieser Stelle bleibt anzumerken, dass in der Hausarbeit, um ständige Wiederholungen zu vermeiden, die erste Fußnote lauten sollte: [1] *Paragraphen ohne Angabe sind solche des BGB.*

5. Typisch Zivilrecht

Im Folgenden werden einige wesentliche Merkmale der Zivilrechtshausarbeit erörtert.

a. Prüfungsreihenfolge

Zunächst muss sich der Bearbeiter der Hausarbeit auf die Suche nach einer entsprechenden Anspruchsgrundlage machen. Hierbei muss sich der Bearbeiter vor allem an der Sachverhaltskonstellation und der Fragestellung orientieren.

Ist z.B. im Sachverhalt nur nach dem Anspruch auf Kaufpreiszahlung gefragt, so ist auch nur ein Anspruch aus § 433 II BGB zu prüfen und nicht noch etwaige Schadensersatzansprüche der Beteiligten.

Häufig findet sich jedoch unter einem Sachverhalt die Formulierung: *„Wie ist die Rechtslage?"* In derartigen Fällen sind **alle** Anspruchsziele unter allen im Sachverhalt genannten Personen zu bestimmen.

Ist nach den Ansprüchen mehrerer Personen gefragt, so sind alle möglichen Ansprüche zunächst einer Person zu erörtern, bevor mit der nächsten Person begonnen wird.

Wichtig ist jedoch, unter allen Anspruchsgrundlagen eine vernünftige und vor allem richtige Prüfungsreihenfolge einzuhalten. Aus diesem Grund haben sich folgende Grundsätze entwickelt (näher dazu: Früh, Die Anspruchsprüfung im Zivilrecht, JuS 1991, S. 656 ff):

Grundsätze:

> **I. Vertragliche Ansprüche**
>
> **II. Quasivertragliche Ansprüche**
>
> **III. Dingliche Ansprüche**
>
> **IV. Bereicherungsrechtliche Ansprüche**
>
> **V. Deliktische Ansprüche**

Vertragliche Ansprüche gliedern sich wie folgt weiter auf:

> **1. Primäransprüche**
>
> **2. Sekundäransprüche**
>
> **3. Tertiäransprüche**

Primäransprüche sind solche Ansprüche, die auf Vertragserfüllung gerichtet sind, so z.B. der Anspruch auf Kaufpreiszahlung gem. § 433 II BGB, Anspruch auf Miete gem. § 535 II BGB oder auch der Anspruch auf Herstellung eines Werkes gem. § 631 I BGB.

Sekundäransprüche greifen hingegen dann ein, wenn mit den Hauptleistungspflichten etwas nicht geklappt hat. Hierzu gehören u.a. *das Gewährleistungsrecht (§ 437, § 634 BGB), der Verzug (§§ 280, 286 und §§ 293 ff. BGB), der Schadensersatz wegen Pflichtverletzungen (§§ 280 ff.), die Störung der Geschäftsgrundlage (§ 313 BGB) und der Rücktritt (§§ 323, 346 ff.).*

Tertiäransprüche sind solche, die auf Herausgabe der Surrogate bei Unmöglichkeit einer Leistung gerichtet sind (z.B. §§ 285, 255 BGB).

Zu den **Quasivertraglichen Ansprüchen** gehören die Geschäftsführung ohne Auftrag (GoA, §§677 ff. BGB) oder auch Ansprüche aus veranlaßtem Vertrauen. Hierzu gehören die Ansprüche auf *Schadensersatz wegen Anfechtung* gem. § 122 BGB, die *Haftung des Vertreters ohne Vertretungsmacht gem. § 179 BGB.*

Unter einem **Dinglichen Recht** versteht man das Recht einer Person zur unmittelbaren Herrschaft über eine Sache. Diese Rechte lassen sie wie folgt gliedern:

> **Herausgabe- und Sekundäransprüche**
>
> 1. §§ 985, 1007 I, II, 861, 2018 BGB
>
> 2. §§ 987 ff., 2019 ff. BGB
>
> **Beseitigung / Unterlassung**
>
> 1. §§ 886, 894 BGB
>
> 3. §§ 1004 I, 862 I BGB
>
> **Duldung der Zwangsvollstreckung**
>
> § 1147 BGB

Bereicherungsrechtliche Ansprüche teilen sich in sog. *Leistungskondiktionen und Nichtleistungskondiktionen* auf, vgl. hierzu §§ 812 ff. BGB.

Zu den **deliktischen Ansprüchen** zählen die §§ 823 ff. BGB, § 7 StVG, sowie Ansprüche aus dem Produkthaftungsgesetz. Diese Vorschriften bezwecken den Schutz des Einzelnen gegen widerrechtliche Eingriffe in seinen Rechtskreis.

Die aufgezeigte Prüfungsreihenfolge muss auf jeden Fall eingehalten werden und ist damit zwingend. Abweichungen zeigen dem Korrektor mangelnden Überblick über das Zivilrecht.

b. Allgemeiner Anspruchsaufbau

Nachdem nun die verschiedenen Anspruchsgrundlagen gefunden sind und nach dem oben aufgezeigten Schema geordnet wurden, muss jeder Anspruch in 3 Phasen aufgegliedert werden:

> **I. Anspruch entstanden**
>
> **II. Anspruch untergegangen**
>
> **III. Anspruch durchsetzbar**

9

Unter dem Prüfungspunkt **Anspruch entstanden** prüft man die Tatbestandsvoraussetzungen der Entstehungsnorm. Beim Kaufvertrag wären dies z.b. zwei übereinstimmende Willenserklärungen, die auf den Verkauf bzw. den Kauf einer Sache gerichtet sind.

Liegen diese Tatbestandsvoraussetzungen vor, muss unter demselben Punkt geprüft werden, ob **Nichtigkeitsgründe** vorliegen **(= rechtshindernde Einwendungen)**, die diesen Anspruch nicht entstehen lassen.

Nichtigkeitsgründe sind u.a. die mangelnde Geschäftsfähigkeit gem. §§ 104 ff. BGB, schwere Fehler bei der Willenserklärung gem. §§ 116 – 118 BGB, Formmangel gem. § 125 BGB.

Liegen die Tatbestandsvoraussetzungen und keine Nichtigkeitsgründe vor, so ist der **Anspruch entstanden.**

Dieser Anspruch kann jedoch **untergegangen** sein. Das wäre bei den sog. **rechtsvernichtenden Einwendungen** der Fall. Dazu gehören beispielsweise die *Erfüllung gem. § 362 BGB, die Abtretung gem. § 398 BGB, die Anfechtung gem. §§ 142, 119 ff. BGB, der Rücktritt gem. §§ 346 ff. BGB, sonstige Formen der Unmöglichkeit gem. § 275 BGB und der Pflichtverletzungen gem. §§ 280 ff. BGB (hier z.B. § 281 IV BGB).*

Liegt eine dieser Einwendungen vor, so ist der Anspruch untergegangen, d.h. der Anspruchssteller hat keinen Anspruch gegen den Anspruchsgegner.

Ist der Anspruch nicht untergegangen, so ist er wirksam entstanden, und es stellt sich weiterhin die Frage, ob dieser **Anspruch durchsetzbar** ist bzw. ob der Durchsetzbarkeit **rechtshemmende Einreden** entgegenstehen. Diese Einreden teilen sich in **vorübergehende (dilatorische) und dauernde (peremptorische) Einreden.**

Zu den **vorübergehenden Einreden** gehören insbesondere *der nichterfüllte Vertrag gem. § 320 BGB und die Zurückbehaltungsrechte gem. §§ 1000, 273 BGB.* Zu den **dauernden Einreden** gehört hingegen u.a. *die Verjährung gem. § 214 I BGB.*

Ist der Anspruch abschließend auch durchsetzbar, hat der Anspruchssteller einen Anspruch gegen den Anspruchsgegner.

IV. Der „bessere" Umgang mit dem Computer

Auch wenn der Besitz eines PC oder Laptops heute nahezu selbstverständlich ist, ist immer wieder eine fehlende Sicherheit mit dem Umgang von Textverarbeitungsprogrammen zu beobachten, die dann zu einer unnötigen Mehrarbeit führen..

Es sei an dieser Stelle erwähnt, dass die Anschaffung eines PC, besser noch eines Laptops für das Jurastudium wegen der zahlreichen Haus- und Seminararbeiten und spätestens für die Examensarbeit sehr empfehlenswert ist.

Die Teilnahme an einem Computerkurs, der an jeder Universität angeboten wird, scheint uns angebracht. Nicht selten ist zu beobachten, dass in den letzten Tagen vor der Abgabe Probleme mit dem Computer auftauchen, die unnötigen Stress verursachen. Denn mit dem Computer besteht die Möglichkeit, seine Hausarbeit zumindest formell relativ einfach und damit stressfrei zu erstellen. Das dabei wohl marktführende Textverarbeitungsprogramm ist *WORD für Windows®* der *Microsoft®* Corporation. Im Folgenden soll kurz dargestellt werden, wie es möglich ist, die Hilfen des Programmes zu nutzen.

1. Ränder / Abstände

Die Seitenränder kann man über einen Klick (d.h. ein Druck auf die linke Maustaste) auf „Datei" und einen weiteren auf „Seite einrichten" einstellen und verändern. Dabei ist, wie bereits oben erwähnt, der linke Seitenrand auf **7cm** zu stellen. Kommt man später mit dem zum Teil beschränkten Platz nicht aus, so kann man durch Verringerung der übrigen Seitenränder noch erheblichen Platz schaffen.

Der Zeilenabstand ist regelmäßig auf **1,5-fach** zu stellen. Dieses erfolgt durch folgende Schritte:

> **- Klick auf „Format"**
> **- Klick auf „Absatz**
> **- Dort den Zeilenabstand von „einfach"**
>   **auf „1,5-fach" einstellen**

2. Seitenzahlen

Die Hausarbeit ist mit Seitenzahlen zu versehen. Zu beachten ist dabei, dass das Deckblatt bis einschließlich der Gliederung mit fortlaufender *römischer Zählung* (I, II usw.) zu versehen ist. Die Darstellung der Zahlen sollte unten zentriert erfolgen. Auf der ersten Seite (Deckblatt) ist keine Seitenzahl anzugeben.

Man fängt erst auf der zweiten Seite (Sachverhalt) an und zwar mit „II". Die Zählung innerhalb des Gutachtens erfolgt mit *arabischen* Zahlen (1, 2 usw.).

Nach jedem Abschnitt (Deckblatt, Sachverhalt usw.) ist ein sogenannter "*Abschnittsumbruch*" einzufügen, um eine unterschiedliche Seitennumerierung zu ermöglichen.

> 1. Klick auf Einfügen
> 2. Klick auf "Manueller Umbruch"
> 3. „Abschnittsumbruch Nächste Seite" anklicken und OK!

Einfügen der Seitenzahlen in den **ersten Teilen (Deckblatt, Sachverhalt etc.)**:

> 1. Klick auf „Einfügen"
> 2. Klick auf „Seitenzahlen"
> 3. Die „Position" ist auf „Seitenende (Fußzeile)" einzustellen
> 4. „Ausrichtung" ist auf „zentriert" einzustellen
> 5. „Auf erster Seite" ist nur beim Deckblatt auszuschalten!!
> 6. Römische Zahlen bekommt man durch Klick auf „Format"
>   und Wahl des „Seitenzahlenformat" auf „I, II, III, ..."
> 7. Dort muss für die einzelnen Abschnitte auf „Fortsetzen vom
>   vorherigen Abschnitt" geklickt werden.

Einfügen der Seitenzahlen im **zweiten Teil (Gutachten)**:

> Wie oben beschrieben. Es sind jedoch arabische Zahlen,
> beginnend mit "1", einzustellen!

3. Fußnoten

Fußnoten erstellt man wie folgt:

> Klick auf „Einfügen"
> Klick auf „Referenz"
> Klick auf „Fußnote" und dann auf „Einfügen"

Die Standardeinstellungen können beibehalten werden, so dass die Nummerierung der Fußnoten fortlaufend ist.

TIPP: Hilfreich ist auch der sogenannte „Shortcut" für Fußnoten, bei dem die Fußnote direkt durch eine Tastenkombination (gleichzeitiges Drücken der Tasten) erstellt wird, nämlich:

„Alt - Strg - F".

4. Schriftarten und -größe

Wie Eingangs bereits erwähnt, ist die Standardschriftgröße 12pt. Man stellt die Schriftgröße durch einen Klick auf die Zahl in der Formatleiste und Eingabe des gewünschten Wertes ein.

Meistens wird die Schriftart „Times New Roman" verwendet. Verwendet man eine andere Schrift, so ist zu beachten, dass einige Schriftarten, z.B. „Courier", jedem Buchstaben den gleichen Raum im Text zuordnen (sogenannte Äquidistanzschrift) und man so im Umfang der Arbeit mehr Platz verbraucht, als mit einer anderen Schriftart. Der Umfang der Arbeit kann somit auch durch die Auswahl der Schriftart verringert (z.B. „Arial Narrow") oder vergrößert (z.B. „Courier New") werden.

TIPP: Über „Format", „Zeichen" und dann „Zeichenabstand" kann man den Abstand zwischen den einzelnen Buchstaben etwas strecken oder bei Bedarf auch minimieren. Man kann so wiederum die Seitenzahl wie gewünscht erhöhen oder verringern. Von beiden Möglichkeiten sollte jedoch nur moderat Gebrauch gemacht werden, da eine übermäßige Vergrößerung oder Verringerung des Zeichenabstands unangenehm auffällt.

5. Automatische Erstellung der Gliederung

Dank der Möglichkeiten die Word® bietet ist es relativ einfach möglich, die Gliederung automatisch erstellen zu lassen. Dieses bringt unvorstellbare Vorteile und Erleichterungen: Hat man beispielsweise die Gliederung mühselig handschriftlich vom Gutachten erstellt und ändert später noch etwas ab, so muss man alle Seitenzahlen überprüfen und ggf. ändern. Auch die meist mit der Hand eingefügten Punkte als Füllzeichen sind selten „gerade".

Für die automatische Erstellung ist es erforderlich, schon während des Verfassens des Gutachtens die Überschriften dem Programm auch als solche erkenntlich zu machen, d.h. jede einzelne Gliederungsebene ist als Überschrift zu definieren.

So ist der Gliederungspunkt „**A. Anspruch des B gegen C auf Zahlung...**" (ebenso B, C usw.) jeweils als „**Überschrift 1**" und die Ebene „**I. ...**" als „**Überschrift 2**" (ebenso II, III usw.) zu definieren. Jede tiefergehende Gliederungsebene (a, aa, (1), usw.) ist dann dementsprechend als „**Überschrift 3**" usw. zu definieren.

Man **definiert** die Ebenen, in dem man ihr eine sogenannte „Formatvorlage" zuweist. Das erfolgt durch einen Klick auf die Formatvorlage in der Formatleiste (dort steht normalerweise „Standard"), wo man dann die jeweiligen Überschriften auswählen bzw. eingeben kann.

Achtung! Keine Aufregung, der Computer verändert anfänglich die Schriftart und -größe der Überschrift. Dieses lässt sich ändern:

Den Cursor in die gewünschte Überschrift bringen, Klick auf „Format" und dann auf „Formatvorlagen und Formatierungen". Es öffnet sich rechts ein Hilfsfenster. Man bewegt den Cursor in die obere Zeile über der „Formatierung des markierten Textes" steht und klickt auf den rechts in der Zeile erscheinenden Pfeil (Pull-down-Menü). Dann Klick auf „Formatvorlage ändern". In dem sich öffnenden Fenster kann man alle gewünschten Einstellungen vornehmen. Dort kann man **„Format"** anklicken, um weitere Änderungen vorzunehmen (Schriftart und Schriftgröße können unter dem Punkt „Zeichen" verändert werden). Die Änderungen sind dann schließlich mit „ok" zu bestätigen.

Diese Neudefinierung ist für jede einzelne Gliederungsebene (Überschrift 1, Überschrift 2 usw.) einmal erforderlich.

Sind alle Überschriften definiert, so kann die Gliederung automatisch erstellt werden. Hierzu muss man den Cursor zunächst an die für das Inhaltsverzeichnis vorgesehene Stelle bringen. Dann:

> - **Klick auf „Einfügen"**
> - **Klick auf „Referenz"**
> - **Klick auf „Index und Verzeichnisse"**
> - **Klick auf „Inhaltsverzeichnis"**
> - **Die Anzahl der verwendeten Gliederungsebenen bei „Ebenen anzeigen" einstellen und mit „OK" bestätigen**

Der Computer fügt nun am Standort des Cursors ein komplettes Inhaltsverzeichnis ein. Die Gliederung muss nun vor dem Gutachten erstellt werden und nach ihr muss wiederum ein manueller Seitenumbruch eingefügt werden (s. oben).

Verändert man nach erstmaliger Erstellung der Gliederung noch etwas im Gutachten und ergeben sich dadurch evtl. auch Veränderungen in der Gliederung, so ist das Inhaltsverzeichnis nach der obigen Abfolge einfach erneut zu erstellen.

TIPP: Man kann die automatische Aktualisierung auch erreichen, in dem man den Cursor in das Inhaltsverzeichnis bewegt und dann die rechte Maustaste drückt. Dann auf „Felder aktualisieren" klicken. Das Programm fragt dann, ob nur die Seitenzahlen oder das gesamte Verzeichnis aktualisiert werden soll. Letzteres ist durchzuführen, wenn man auch Überschriften inhaltlich verändert hat. Es spricht aber nichts dagegen dies stets durchzuführen.

Auch wenn die automatische Erstellung der Gliederung hier in der Theorie möglicherweise schwierig erscheint, so ist sie, hat man sich erst einmal praktisch mit ihr beschäftigt, relativ einfach zu handhaben und vor allem eine große Zeitersparnis.

Es empfiehlt sich allerdings **dringend**, sich mit den Möglichkeiten seines Computers und des Textverarbeitungsprogrammes im Vorfeld einer Hausarbeit eingehend auseinanderzusetzen, z.B. durch diese Lektüre oder einen Kurs.

2. Teil: Die Musterhausarbeiten

Nachfolgend sind fünf Musterhausarbeiten abgedruckt.

Wichtiger Hinweis:

Der Lösungsweg in den Hausarbeiten ist nicht als einziger zu verstehen, vielmehr sollen die Arbeiten Formulierungs- und Aufbauhilfen bieten. Soweit von den Autoren alternative Lösungswege vorgeschlagen werden, finden sich in den Randbemerkungen diesbezügliche Hinweise.

In den Hausarbeiten tauchen vereinzelt Abschnitte auf, die in einer kleineren Schriftgröße gedruckt sind. Hierbei handelt es sich um Fallabwandlungen, mit denen zusätzliche Probleme des Zivilrechts erörtert werden.

Die kursiv gedruckten Stellen weisen auf typische Anfängerfehler hin.

Das im Anhang abgedruckte Literaturverzeichnis gibt die verwendete Literatur der Hausarbeiten wieder. Wie bereits oben erwähnt, sollte ein Literaturverzeichnis stets vorhanden und ähnlich gestaltet sein (An einigen Universitäten wird eine Aufteilung zwischen Kommentaren, Lehrbüchern etc. gern gesehen. Hier sind die Gepflogenheiten am entsprechenden Lehrstuhl zu erfragen.).

Auf eine Abbildung der einzelnen Deckblätter wurde verzichtet.

HINWEIS: Einen Überblick, einen Einstieg sowie eine komprimierte Darstellung von Streitständen finden Sie bei:

Diehn, JURISTISCHE STREITSTÄNDE

- Sachenrecht

- BGB AT

- Schuldrecht (in Vorbereitung)

erschienen im *Richter-Verlag*

Hausarbeit 1

Sachverhalt

Computerhändler C plant mit einem Stand an der Computermesse CM vom 02.03.2006 bis zum 03.03.2006 teilzunehmen. Als besondere Dekoration bestellt er am 01.02.2006 beim Schreiner S einen angebissenen Apfel aus Sperrholz von 1,5 m Durchmesser. Diesen soll S auf dem Stand gegen ein Entgelt von 800,- EUR aufbauen. C weist auf den Umstand hin, dass die Messeleitung ihm Aufbaumaßnahmen nach 9 Uhr untersagt hat, weil dann die Öffnung der Messe für Publikumsverkehr erfolgt. Man vereinbart daher, sich am 02.03. um Punkt 8 Uhr vor dem Stand des C zu treffen, damit C den Stand für S aufschließen und dieser den Apfel bis 9 Uhr aufbauen kann.

Am 02.03. um 7 Uhr 55 findet sich S mit einem Hubwagen, auf dem sich die in 5 Minuten zu montierenden Teile des Apfels befinden, im Gang vor dem Stand des C ein. Dieser befindet sich jedoch noch auf der Autobahn. Obwohl er im Hinblick auf mögliche Verkehrsprobleme sehr frühzeitig losgefahren war, ist er in eine unfallbedingte, mehrstündige Vollsperrung der Autobahn geraten.

Um 8 Uhr 25 zieht S den Hubwagen an eine Seitenmauer des Gangs, um den Weg für einen anderen Handwerker freizumachen. Dabei stoßen die Teile des Apfels gegen einen kleinen Mauervorsprung, den S nicht bemerkt hatte, und werden so schwer beschädigt, dass kein Teil mehr richtig in das andere passt und selbst an eine Teilmontage in diesem Zustand nicht zu denken ist.

Als C um 8 Uhr 30 endlich eintrifft, zeigt ihm S die Beschädigungen, aufgrund derer S den Apfel erst nach erneuter Verleimung und daraus resultierender Trocknungszeit von mehreren Tagen aufbauen könnte. C erklärt, dass er daran nicht mehr interessiert sei. S verlangt dennoch 800,- EUR von C. Zu Recht?

Abwandlung

Wie oben, jedoch will C selber aufbauen und vereinbart mit S lediglich, dass S beratend tätig wird. Der Aufbau ist schwierig, da der Apfel in bestimmter Weise mit einer ätzenden Schutzlackierung versehen werden muss und C ohne die Beratung des S nicht weiß, dass besondere Schutzmaßnahmen für den Boden zu treffen sind. S ist jedoch nicht vor Ort, und als C den Apfel ohne Rat des S anstreicht, tropft etwas von dem Lack auf den Hallenboden, wobei dieser beschädigt wird. Dem C entstehen nun Kosten in Höhe von 3000 EUR. Hat C einen vertraglichen Schadensersatzanspruch gegen S?

Inhaltsverzeichnis

Gutachten

A. Anspruch des S gegen C auf Zahlung von 800 EUR aus §§ 433 II, 651 S. 1 BGB[1]

S könnte gegen C einen Anspruch auf Zahlung von 800 EUR aus §§ 433 II, 651 S. 1 haben.

I. Anspruch entstanden

Voraussetzung dafür ist zunächst der Abschluss eines wirksamen Werklieferungsvertrages.

1. Wirksamer Werklieferungsvertrag

Der Werklieferungsvertrag hat die Lieferung herzustellender oder zu erzeugender beweglicher Sachen zum Inhalt.

Er unterscheidet sich vom Werkvertrag dadurch, dass zunächst die Stoffe – gleichgültig ob vom Unternehmer oder vom Besteller – zur Herstellung oder Erzeugung einer beweglichen Sache zu beschaffen sind.[2] Nicht erfasst sind solche Verträge, bei denen der Unternehmer seine Leistungen an einer bereits bestehenden Sache des Bestellers erbringt.[3]

Hier hat sich S verpflichtet, einen Holzapfel für C herzustellen, ihn am Stand des C am 02.03. um 8.00 Uhr aufzubauen, zu übergeben und C das Eigentum daran zu verschaffen. C verpflichtet sich dazu, das Entgelt von 800 EUR zu entrichten.

Wesentliche Bestandteile eines Vertrages nennt man "essentialia negotii"!

Somit haben sich S und C auf die wesentlichen Vertragsbestandteile geeinigt. Es liegt folglich ein wirksamer Werklieferungsvertrag vor. Rechtshindernde Einwendungen sind nicht ersichtlich.

Zu rechtshindernden Einwendungen siehe in der Einleitung S.10

2. Zwischenergebnis

Der Anspruch des S gegen den C auf Zahlung von 800 EUR aus § 433 II, 651 S. 1 ist zunächst wirksam entstanden.

Die erste Fußnote sollte immer so lauten, um überflüssige Wiederholungen zu vermeiden!

---

[1] Paragraphen ohne Gesetzesvermerk sind solche des BGB.
[2] Palandt-Sprau, § 651 Rn. 2; Dauner-Lieb, SchuldR-LB, § 9 Rn. 6.
[3] Jauernig-Mansel, § 651 Rn. 1; Palandt-Sprau, § 651 Rn. 4.

II.   Anspruch untergegangen

Zu *rechtsvernichtenden Einwendungen* siehe Einleitung S.10

Der Anspruch des S könnte allerdings durch eine rechtsvernichtende Einwendung untergegangen sein.

1.   Untergang nach § 326 I

S könnte den Anspruch nach § 326 I dadurch verloren haben, dass der Apfel beschädigt wurde.

a)   Gegenseitiger Vertrag

*Das Gegenstück zum **gegenseitigen Vertrag** sind **einseitige Rechtsgeschäfte** (z. B. Testament) **und der unvollkommen zweiseitig verpflichtende Vertrag**, wie zum Beispiel die Schenkung - § 516, die Bürgschaft - § 765, der Auftrag - § 662.*

Voraussetzung dafür ist zunächst, dass die von S geschuldete Leistung im Gegenseitigkeitsverhältnis zu einer Hauptleistungspflicht des C steht, d.h. zwischen S und C müsste ein gegenseitiges Schuldverhältnis bestehen. Der Werklieferungsvertrag ist ein gegenseitig verpflichtender Vertrag.[4]

Es besteht folglich ein synallagmatisches Rechtsverhältnis im Sinne des § 326 I.

b)   Unmöglichkeit der Leistung

*Voraussetzung für die Unmöglichkeit ist das Vorliegen einer **Stückschuld** oder einer **konkretisierten Gattungsschuld**, da aus der Gattung noch geliefert werden könnte („impossibilium nulla est obligatio").*

Die Leistungspflicht des S müsste darüber hinaus nach § 275 I – III weggefallen sein.

Hier könnte der Anspruch auf Leistung des S gemäß § 275 I ausgeschlossen sein. Danach ist die Leistung ausgeschlossen, soweit sie für den Schuldner oder jedermann unmöglich ist.

Objektive Unmöglichkeit liegt vor, wenn die Leistung andauernd von keinem Menschen erbracht werden kann.[5]

(1)   Stückschuld

Besonders lesenswert zum „neuen" Schuldrecht:

Schulze/Ebers, Streitfragen im neuen Schuldrecht, JuS 2004, 265, 366, 462

Für die Frage nach der Unmöglichkeit kommt es darauf an, ob es sich bei der von S vertraglich geschuldeten Leistung um eine Stückschuld oder Gattungsschuld handelt.

Eine Stückschuld ist dann gegeben, wenn es sich um eine individuell geschuldete Sache handelt, die von Anfang an bestimmt ist.[6]

---

[4] Westermann/Bydlinski/Weber, SchuldR-AT, Rn. 2/6; Medicus, AS I, Rn. 473.

[5] Brox/Walker, SchuldR AT, § 22 Rn. 4; Erman-Westermann, § 275 Rn. 3.

[6] Medicus, AS I, Rn. 175; Brox/Walker, SchuldR AT, § 8 Rn. 2; Kropholler, BGB, § 243 Rn. 1.

Die von S vertraglich geschuldete Leistung ist die Herstellung eines angebissenen Apfels aus Sperrholz mit 1,5m Durchmesser. Es handelt sich um ein individuelles Einzelstück, das eigens für die Computermesse angefertigt wurde und nicht durch eine nur der Gattung nach bestimmten Sache beliebig ersetzt werden kann.

Demnach besteht die von S vertraglich geschuldete Leistung in einer Stückschuld.

(2) Dauernde Nichterbringbarkeit

Fraglich ist, ob die Leistung des S ihrer Art nach lediglich vorübergehend oder endgültig nicht mehr erbracht werden kann.

Vorliegend könnte es sich um ein absolutes Fixgeschäft handeln. Ein absolutes Fixgeschäft liegt dann vor, wenn die Leistung ihrem Inhalt nach nur zu der vereinbarten Zeit bewirkt werden und zu einem späteren Zeitpunkt nicht nachgeholt werden kann. Hier tritt bei Nichteinhaltung der Leistungszeit Unmöglichkeit ein, da eine verspätete Leistung keinen Erfolg mehr darstellt.[7]

*Hier ist es wichtig, ob es sich um ein **absolutes Fixgeschäft** handelt oder lediglich um ein relatives Fixgeschäft, bei dem keine Unmöglichkeit vorläge.*

S muss hier den Apfel am 02.03. bis 8.00 Uhr geliefert und bis 9 Uhr aufgebaut haben, zumal um 9 Uhr die Öffnung der Messe für den Publikumsverkehr erfolgt und danach keine Aufbaumaßnahmen mehr getätigt werden dürfen. Nur zu diesem Zeitpunkt sollte die Leistung bewirkt werden.

Somit wurde ein absolutes Fixgeschäft abgeschlossen.

Nach Beschädigung der Teile des Apfels ließe sich dieser erst nach mehreren Tagen wieder aufbauen und auch dann erst fertig stellen, wenn die Computermesse ohnehin schon vorbei wäre. Eine Wiederherstellung des Apfels innerhalb der festgesetzten Zeit und die Erbringung der vertraglich geschuldeten Leistung ist demnach aufgrund des Fixschuldcharakters endgültig unmöglich geworden.

Zur Unmöglichkeit lesenswert:

Mattheus, „Schuldrechtmodernisierung 2001/2002 – Die Neuerungen des allgemeinen Leistungsstörungsrechts", JuS 2002, 209 ff.

(3) Zwischenergebnis:

Die von S vertragsgemäß geschuldete Leistung ist objektiv unmöglich geworden, so dass nach § 326 I auch sein Anspruch auf die Gegenleistung (= Zahlung) entfallen würde.

---

[7] Medicus, AS I, Rn. 381; Brox/Walker, SchuldR AT, § 22 Rn. 6; MüKo-Ernst, § 275 Rn. 46.

c) Übergang der Vergütungsgefahr auf C, §§ 326 II S. 1, 446 S. 3

Die Unmöglichkeit der Leistung wäre jedoch unbeachtlich, wenn das Unmöglichwerden zufällig im Sinne des § 446 S. 1 geschah, also insbesondere nicht von S zu vertreten war, und zu einem Zeitpunkt erfolgte, zu dem sich C im Annahmeverzug befand. In diesem Fall wäre die sogenannte Vergütungsgefahr auf C übergegangen, §§ 326 II S. 1 2. Fall, 446 S. 3.

(1) Zufälliger Untergang

Fraglich ist, ob die Unmöglichkeit der Leistung zufällig geschehen ist. Das wäre der Fall, wenn keine der Vertragsparteien die Unmöglichkeit zu vertreten hätte.

(a) Verschulden des C

*Das Vertreten des C scheint hier abwegig, jedoch ist der Vollständigkeit halber darauf einzugehen, da § 446 S. 1 von **zufälligem** Untergang spricht.*

C dürfte das Unmöglichwerden der Leistung nicht zu vertreten haben. C war an dem Unfall des S nicht beteiligt und hat die Beschädigung des Apfels demnach nicht verschuldet. Ein Vertretenmüssen nach §§ 276 ff. kommt folglich für C nicht in Betracht.

(b) Verschulden des S

Fraglich ist, ob S die Unmöglichkeit der Leistung zu vertreten hat. Gem. § 276 I hat der Schuldner grundsätzlich Vorsatz und jede Form der Fahrlässigkeit zu vertreten.

Vorliegend handelte S nicht vorsätzlich, als er den Apfel beschädigte.

Hier wird der generelle Haftungsmaßstab des § 276 erläutert!

Er könnte jedoch fahrlässig gehandelt haben. Fahrlässig handelt nach § 276 II, wer die im Verkehr erforderliche Sorgfalt außer Acht lässt. Maßstab ist die Sorgfalt, die von einem Angehörigen der jeweiligen Gruppe in der jeweiligen konkreten Situation zu erwarten ist.[8] Außerachtlassen bedeutet Nichtbeachtung bei Voraussehbarkeit und Vermeidbarkeit des rechtswidrigen Erfolges.[9] Bei der Beurteilung der Fahrlässigkeit im Zivilrecht kommt es daher auf eine objektive Sichtweise an.[10]

Um 8.25 Uhr zog S den Hubwagen an eine Seitenmauer des Gangs, um den Weg für einen anderen Handwerker freizumachen. Dabei stießen die Teile des Apfels gegen einen kleinen Mauervorsprung, den S nicht bemerkt hatte, und wurden so schwer beschädigt, dass kein Teil mehr richtig in das andere passte. Als Handwerker konnte von S in dieser Situation erwartet werden, dass er im Umgang mit dem von ihm gefertigten Apfel größere Sorgfalt zeigt. Es war voraussehbar, dass der Apfel beschädigt würde,

---

[8] Medicus, AS I, Rn. 310; Palandt-Heinrichs, § 276 Rn. 16.
[9] MüKo-Grundmann, § 276 Rn. 53; Jauernig-Stadler, § 276 Rn. 23.
[10] Medicus, AS I, Rn. 309; Larenz, SAT, § 20 III.

wenn er gegen den Mauervorsprung stößt und dieser Zusammenstoß war auch vermeidbar. S hatte den Mauervorsprung jedoch nicht bemerkt. Er hätte sich allerdings vorher vergewissern müssen, dass er den Hubwagen samt Apfel ohne Bedenken an die Seite ziehen konnte, um den Weg für andere Handwerker freizumachen. Dies hat S nicht getan.

S handelte somit im Sinne des § 276 II fahrlässig und hat diese Fahrlässigkeit nach § 276 I zunächst zu vertreten.

(c)   Haftungsmilderung des Schuldners S nach § 300 I

Die Haftung des S könnte jedoch gemäß § 300 I gemildert sein. § 300 I sieht für den weiterhin zur Leistung verpflichteten Schuldner eine Haftungserleichterung vor.[11] Voraussetzung dafür ist, dass C sich zum Zeitpunkt des schädigenden Ereignisses in Gläubigerverzug, §§ 293 ff., befand.

Gedanke:
Wenn die Haftung des S reduziert wäre, müsste er evtl. nicht haften!

(aa) Gläubigerverzug

Gläubigerverzug ist die Verzögerung der Erfüllung einer Leistung, die darauf beruht, dass der Gläubiger eine seinerseits erforderliche Mitwirkung, insbesondere die Annahme der Leistung, unterlässt.[12]

(aaa) Leistungsberechtigung des Schuldners

S müsste zunächst zur Leistung berechtigt gewesen sein, d.h. der Anspruch des Gläubigers müsste erfüllbar gewesen sein.

Die Vertragsparteien haben vorliegend sowohl Leistungsort als auch Leistungszeit festgelegt, demnach war S am 02.03. ab 8 Uhr zur Leistung berechtigt. Somit lag um 8.25 Uhr die erforderliche Leistungsberechtigung vor.

Hierzu empfehlenswert:
Wertheimer, Gläubigerverzug, JuS 1993, 646 ff.
Immer noch aktuell, da sich im Bereich des Annahmeverzugs keine Neuregelungen durch das SchuldRMG ergeben haben!

(bbb) Ordnungsgemäßes Angebot des S nach § 294

Ferner müsste S die Leistung nach § 294 ordnungsgemäß angeboten haben, und zwar zur richtigen Zeit, am richtigen Ort und in richtiger Art und Weise.[13] Wie dieses Angebot zu erfolgen hat, hängt davon ab, ob die Parteien eine Hol-, Bring- oder Schickschuld vereinbart haben.

---

[11] MüKo-Ernst, § 300 Rn. 1; Kropholler, BGB, § 300 Rn. 1.

[12] Jauernig-Stadler, § 293 Rn. 1; Medicus, AS I, Rn. 426 f.

[13] Brox/Walker, SchuldR AT, § 26 Rn. 5; Fikentscher/Heinemann, Schuldrecht, § 45 Rn. 490.

(aaaa) Art der Schuld

S und C könnten eine Bringschuld vereinbart haben.

*Zu unterschei-
den sind grund-
sätzlich:*

- Holschuld

- Bringschuld

- Schickschuld

Bei der Bringschuld hat der Schuldner das zur Leistung seinerseits Erforderliche getan, wenn er die Sache dem Gläubiger tatsächlich anbietet.[14] Leistungs- und Erfolgsort liegen beim Gläubiger.[15] Der Leistungsort (§ 269 I) ist derjenige Ort, an dem der Schuldner die Leistungshandlung vorzunehmen hat.[16] Der Erfolgsort ist der Ort, an dem der Erfolg im Sinne des § 362 I eintritt.[17]

S und C haben als Leistungsort den Stand des C auf der Computermesse vertraglich bestimmt. Der Stand des C auf der Computermesse ist ebenso der Erfolgsort, an dem S den Apfel aufbauen soll. Hier sollte die geschuldete Leistung an C bewirkt werden. S und C haben auch die Leistungszeit (§ 271 I) bestimmt. S sollte am 02.03. um 8.00 Uhr die Leistung bewirken. Demnach handelt es sich vorliegend um eine Bringschuld.

(bbbb) Ordnungsgemäßes Angebot

Bei der Bringschuld ist ein Angebot ordnungsgemäß, wenn der Schuldner dem Gläubiger die Leistung am Erfolgsort anbietet.

S müsste demnach C die Leistung am Erfüllungsort tatsächlich angeboten haben. Ein tatsächliches Angebot gemäß § 294 liegt vor, wenn der Gläubiger nichts weiter zu tun braucht, als zuzugreifen und die Leistung anzunehmen[18]. S fand sich um 7.55 Uhr mit einem Hubwagen und den fertig gestellten, noch zu montierenden Teilen des Apfels vor dem Stand des C ein, um auf C zu warten, da dieser den Stand um 8.00 Uhr aufschließen wollte. C hätte um 8.00 Uhr nach Aufschließen des Standes den Apfel des S nur noch entgegennehmen müssen. Weitere Handlungen konnte und musste S in diesem Augenblick nicht vornehmen. Somit lag ein vertrags- und ordnungsgemäßes Angebot in diesem Sinne vor.

(ccc) Leistungsvermögen des S nach § 297

*Der Schuldner
muss zur Leis-
tung imstande
und bereit ge-
wesen sein.*

(§ 297)

S müsste des Weiteren auch in der Lage gewesen sein, die Leistung zu erbringen.

Um 8 Uhr stand S vor dem Stand des C mit den fertigen und nur noch zu montierenden Apfelteilen und wartete darauf, dass C ihm die Tür aufschloss und seine Leistung annahm. S war folglich zum genannten Zeitpunkt in der Lage, die Leistung zu erbringen.

---

[14] Palandt-Heinrichs, § 243, Rn.5; Fikentscher/Heinemann, Schuldrecht, § 28 Rn. 248; Larenz, Schuldrecht AT 1, § 14 IVa.

[15] MüKo-Krüger, § 269 Rn. 6; Brox/Walker, SchuldR AT, § 12 Rn. 13.

[16] Jauernig-Stadler, § 269 Rn. 1; Soergel-Wolf, § 269 Rn. 2.

[17] Jauernig-Stadler, § 269 Rn. 1; MüKo-Krüger, § 269 Rn. 2.

[18] BGHZ 90, 354, 359; RGZ 85, 415, 416; 109, 324, 328; Larenz, Schuldrecht AT 1, § 25 I a.

(ddd) Nichtannahme der Leistung nach § 293

Um den Annahmeverzug zu begründen, dürfte C die ihm angebotene Leistung nicht angenommen haben.

Hierfür genügt das bloße Unterlassen. Eine ausdrückliche Ablehnung des Angebots ist nicht erforderlich.[19] Für den Eintritt des Gläubigerverzugs ist es ferner nicht von Belang, ob der Gläubiger die Nichtannahme der Leistung zu vertreten hat.[20]

Daher kommt es darauf, dass C im Hinblick auf mögliche Verkehrsprobleme sehr frühzeitig losgefahren war und lediglich aufgrund einer unfallbedingte, mehrstündigen Vollsperrung der Autobahn eine halbe Stunde zu spät kam, nicht an.

Hier ist zu prüfen, ob der Gläubiger die Leistung nicht annimmt oder bspw. auch die erforderliche Mitwirkungshandlung unterlässt.
Merke:
Auf ein Verschulden des Gläubigers kommt es nicht an!!

Eine nur vorübergehende Annahmeverhinderung, hier von 8.00 bis 8.30 Uhr, könnte zwar nach § 299 den Annahmeverzug ausschließen. Doch gilt dies nur, wenn die Leistungszeit nicht genau bestimmt war. C und S hatten aber vertraglich bestimmt, sich um Punkt 8.00 Uhr vor dem Stand des C zu treffen. Ab 8 Uhr sollte dann die Leistung des S erbracht werden. Der Apfel hätte in 5 Minuten vollständig montiert werden können.

C war zur vereinbarten Leistungszeit um 8.00 Uhr nicht anwesend, um die angebotene Leistung des S anzunehmen und befand sich folglich in Gläubigerverzug.

(bb) Zwischenergebnis

Durch den Annahmeverzug des C war die Haftung zum Zeitpunkt des schädigenden Ereignisses gemäß § 300 I auf Vorsatz und grobe Fahrlässigkeit beschränkt.

(cc) Grobe Fahrlässigkeit

Mit Eintritt der Leistungszeit um 8.00 Uhr setzte der Verzug des Gläubigers ein. Während des Gläubigerverzugs wurde die Leistung um 8.25 Uhr unmöglich.

Fraglich ist, ob der Schuldner S diese Unmöglichkeit nunmehr nach § 300 I zu vertreten hat. Mangels Vorsatz kommt nur grobe Fahrlässigkeit in Betracht.

Handelte S grob fahrlässig?

=> dann müsste er auch für die Unmöglichkeit haften!

Grobe Fahrlässigkeit ist ein Verhalten, das die erforderliche Sorgfalt in ungewöhnlich hohem Maß verletzt.[21] Bei grober Fahrlässigkeit bleibt das unbeachtet, „was im gegebenen Fall jedem einleuchten musste"[22]. Es muss ein besonders schwerer Vorwurf zu ma-

---

[19] Palandt-Heinrichs, § 293 Rn. 10; MüKo-Ernst, § 293 Rn. 17.
[20] BGHZ 24, 91, 96; MüKo-Ernst, § 293 Rn. 18; Palandt-Heinrichs, § 293 Rn. 10.
[21] Kropholler, § 276 Rn. 6; Medicus, AS I, Rn. 311.
[22] BGHZ 10, 14, 16; Brox/Walker, SchuldR AT, § 20 Rn. 18.

chen sein.[23] Neben der objektiven Komponente der Fahrlässigkeit tritt hier noch eine subjektive hinzu. Grobe Fahrlässigkeit sei „eine besonders grobe und auch subjektiv schlechthin unentschuldbare Pflichtverletzung, die das gewöhnliche Maß an Fahrlässigkeit erheblich übersteigt"[24].

S zog den Hubwagen an die Seitenmauer des Gangs, um einem anderen Handwerker Platz zu machen. Sein Verhalten ist nicht unentschuldbar. S hatte einen Grund, den Hubwagen an die Seitenmauer des Ganges zu ziehen. Er hat seine Sorgfaltspflicht nicht übermäßig grob verletzt. Das Nicht-Bemerken des Mauervorsprungs stellt lediglich eine Unachtsamkeit dar, die das gewöhnliche Maß an Fahrlässigkeit nicht übersteigt und auch jedem anderen in dieser konkreten Situation hätte geschehen können.
S handelte demnach nicht grob fahrlässig.

(d) Zwischenergebnis

Demnach hat S die Unmöglichkeit der Leistung nicht zu vertreten.

(2) Annahmeverzug des C

Für den Übergang der Vergütungsgefahr ist nach §§ 326 II S. 1 2. Fall, 446 S. 3 ferner erforderlich, dass der Gläubiger im Verzug der Annahme gewesen ist, als die Sache beschädigt wurde. Mit dem Annahmeverzug geht die Gegenleistungs- oder Vergütungsgefahr auf den Gläubiger über[25].

Das ist vorliegend dann der Fall, wenn die von S geschuldete Leistung zu einer Zeit unmöglich geworden ist, zu der sich C im Verzug der Annahme befand, und S den zur Unmöglichkeit führenden Umstand nicht zu vertreten hat.

Wie bereits aufgezeigt, befand sich C zum Zeitpunkt der Beschädigung des Apfels im Verzug der Annahme, so dass auch diese Voraussetzung gegeben ist.

d) Zwischenergebnis

Da somit zum Zeitpunkt des Eintritts der Unmöglichkeit die Vergütungsgefahr auf C gem. §§ 446 S. 1, 3, 326 II S. 1 übergegangen war, entfällt der Anspruch des S auf die Gegenleistung gemäß § 326 I nicht. Auch ein Rücktritt des C vom Vertrag ist aus diesem Grund nicht mehr möglich, §§ 326 V, 323 VI.[26]

2. Zwischenergebnis

Der Anspruch des S auf die Gegenleistung ist folglich nicht gemäß § 326 I untergegangen.

---

[23] BGH VersR 1985, 730, 731; Erman-Westermann, § 276 Rn. 16.
[24] BSG Betr 1978, 307, 308; Jauernig-Stadler, § 276 Rn. 33.
[25] MüKo-Ernst, § 326 Rn. 69; Brox/Walker, SchuldR AT, § 26 Rn. 15.
[26] Gieseler, JR 2004, S. 133 (134).

III. Anspruch durchsetzbar

Des Weiteren müsste der Anspruch des S durchsetzbar sein.

Rechtshemmende Einreden sind nicht ersichtlich, so dass der Anspruch durchsetzbar ist.

Zu rechtshemmenden Einreden siehe in der Einleitung S.10.

B. Ergebnis

S hat gegen C einen wirksamen und durchsetzbaren Anspruch auf Zahlung von 800,-- EUR aus §§ 433 II, 651 S. 1.

Abwandlung

C. Anspruch des C gegen S auf Ersatz von 3000 EUR gemäß §§ 280 I, 241 II

C könnte gegen S einen Anspruch auf Ersatz von 3000 EUR aus §§ 280 I, 241 II wegen Verletzung einer Beratungspflicht haben.

I. Anspruch entstanden

Fraglich ist, ob ein solcher Anspruch entstanden ist.

Die Prüfung einer Pflichtverletzung aus dem Vertrag kann im Einzelnen durchaus problematischer und daher auch umfangreicher sein.

1. Wirksames Schuldverhältnis

Zunächst müsste ein wirksames Schuldverhältnis bestehen. C und S schlossen einen wirksamen Werklieferungsvertrag.

Somit liegt ein wirksames Schuldverhältnis vor.

2. Verletzung einer Nebenpflicht

Ferner müsste S eine Pflicht aus diesem Schuldverhältnis verletzt haben. Dazu gehören nach §§ 280 I, 241 II auch mit dem Vertrag übernommene Schutzpflichten.[27]

S schuldete als besondere Schutzpflicht des Vertrages eine beratende Tätigkeit bei der Lackierung des Apfels. Er musste hier über die Gefährlichkeit des Lackes und besondere Schutzmaßnahmen aufklären.

S hat diese Aufklärung jedoch unterlassen und damit diese Pflicht verletzt.

---

[27]Musielak, § 6 Rn. 488; Schulte/Ebers, JuS 2004, S. 265 (268f.).

3. Verschulden

Nach § 280 I S. 2 tritt die Ersatzpflicht des Schuldners nicht ein, wenn dieser die Pflichtverletzung nicht zu vertreten hat. Damit wird das Vertretenmüssen widerlegbar vermutet[28], so dass fraglich ist, ob S die Pflichtverletzung tatsächlich nicht zu vertreten hat.

Das Verschulden richtet sich nach § 276[29]. Danach hat S Vorsatz und Fahrlässigkeit zu vertreten. S hat trotz Zusage keine Beratung vorgenommen, ohne dass es hierfür eine Begründung gibt. Demnach muss mindestens von Fahrlässigkeit (Vergessen) ausgegangen werden, so dass er schuldhaft nach § 276 die Beratungspflicht verletzt hat und die Vermutung des § 280 I S. 2 nicht widerlegen kann.

4. Kausaler Schaden

S ist verpflichtet, alle durch die Beratungspflichtverletzung adäquat kausalen und zurechenbaren Schäden des C zu ersetzen. Infolge der mangelnden Beratung ist der Hallenboden beschädigt worden, so dass dem C ein Schaden in Höhe der entsprechenden Reparaturkosten entstanden ist.

II. Anspruch untergegangen

Der Anspruch des C ist ferner nicht untergegangen.

III. Anspruch durchsetzbar.

Der Anspruch ist ferner durchsetzbar.

D. Ergebnis der Abwandlung

C hat gegen S einen Anspruch auf Ersatz von 3000 EUR aus § 280 I, 241 II wegen Verletzung einer vereinbarten Beratungspflicht.

- Ende der Bearbeitung -

---

[28]Westermann/Bydlinski/Weber, SchuldR-AT, Rn. 9/20.
[29]Erman-Westermann, § 280 Rn. 16.

Hausarbeit 2

Sachverhalt

Der Arzt Dr. V möchte die im eigenen Haus betriebene Praxis aus Altersgründen aufgeben. Er vermietet die Räume mit dem Mobiliar und verschiedenen Untersuchungs- und Behandlungsgeräten an Dr. M für monatlich am Ersten zu zahlende 2.500,--EUR. Der Mietvertrag wird am 1.9.2006 unterschrieben; Mietbeginn ist der 1.1.2007. Im November erblindet M infolge eines Unfalls. Sein Bruder B, der sich während des längeren Klinikaufenthalts um ihn kümmert, erfährt von dem behandelnden Arzt, dass mit der Wiederherstellung der Sehkraft nicht zu rechnen ist, so dass M seinen Beruf aufgeben muss. Beide teilen das dem psychisch labilen M aber nicht mit.

Ohne Wissen des M bemüht sich B nun um eine Regelung der Mietangelegenheit. Er spricht am 10.12.2006 bei Dr. V vor und teilt ihm den Sachverhalt mit, auch dass er (B), um M zu schonen, einstweilen ohne dessen ausdrückliches Einverständnis vorgehen müsse. B bittet V, den Vertrag rückgängig zu machen, weil infolge der Erblindung alle Voraussetzungen entfallen seien. Als V das ablehnt erklärt B, unter diesen Umständen müsse er zum nächsten Termin kündigen. V erwidert noch, es sei zwar anerkennenswert, dass sich B in dieser Form um M bemühe, doch könne er (V) eine Kündigung nicht gelten lassen, bevor das Mietverhältnis überhaupt begonnen habe.

Im Januar 2007 kann M mit einiger Hilfe seine Angelegenheiten wieder selbst besorgen. Am 4.1.2007 unterzeichnet er einen diktierten Brief an V, in dem er die Kündigung des B genehmigt. Vorsorglich wiederholt er die Kündigung zum 31.3.2007. V erhält das Schreiben am 5.1.2007.

Ab 1.3.2007 vermietet V die Räume an D, der allerdings nur 2.000,-- EUR Mietzins zahlt.

Im Juli 2007 verlangt V von M Zahlung von 8.500,-- EUR Mietzins. Mit Recht?

Abwandlung

M erblindet nicht und nimmt die angemieteten Räume, bei denen es sich nunmehr um eine Wohnung zu Wohnzwecken handelt, in Anspruch. Allerdings schließen V und M den schriftlichen Mietvertrag mit Hilfe eines sogenannten Formularvertrages. Dieser bestimmt, dass M „Schönheitsreparaturen" auf eigene Kosten durchzuführen habe. Ist diese Klausel rechtmäßig?

Inhaltsverzeichnis

Gutachten

1. Teil   Anspruch des V auf Zahlung von 8500 EUR

A. Anspruch des V auf Zahlung von 8500 EUR gemäß § 535 S. 2 BGB[1]

V könnte gegen M gemäß § 535 S. 2 einen Anspruch auf Zahlung des Mietzinses in Höhe von 8.500 EUR haben.

I. Anspruch entstanden

Dann hätte gemäß § 535 S.2 ein Anspruch dem Grunde nach entstehen müssen.

1. Mietvertrag zwischen V und M

Es müsste gemäß § 535 ein Mietvertrag zustande gekommen sein. Miete ist die entgeltliche Überlassung einer Sache zum Gebrauch auf Zeit.[2] Man unterscheidet die Grundstücksmiete, die Raummiete, die Wohnraummiete und die Geschäftsraummiete.[3] Geschäftsräume sind solche Räume, die nach dem Zweck des Vertrages zu geschäftlichen, insbesondere gewerblichen oder freiberuflichen Zwecken angemietet werden (wie z.B. Praxisräume).[4] Die Parteien hätten sich also über das Mietobjekt, den Mietzins und die Mietzeit einigen müssen.[5] Abzugrenzen von der Miete ist die Pacht. Die Pacht hingegen bezieht sich auf Gegenstände. Die Miete gewährt nur den Gebrauch einer Sache, die Pacht auch den Bezug der Früchte.[6] Fallen Gebrauch einer Sache und Fruchtgenuss in einem Vertrag zusammen, so liegt ein Pachtvertrag nur dann vor, wenn die Räume so ausgestattet sind, dass sie alsbald und ohne Veränderungen mit Gewinn genutzt werden können.[7]

V will die Räume der Praxis mit dem Mobiliar und verschiedenen Untersuchungs- und Behandlungsgeräten für monatlich am Ersten im Voraus zu zahlende 2.500,-- EUR ver-

Seit der großen Mietrechtsreform aus dem Jahr 2001 haben sich einige grundlegende Normen verändert. Teilweise sind die Normen allerdings auch nur „umsortiert" worden, d.h. sie finden sich an anderer Stelle im Gesetz wieder.

Wichtig ist dies, soweit man Kommentare, Lehrbücher aber auch ältere Rechtsprechung verwendet. Man muss dann wissen, welche neue Norm bereits zuvor inhaltsgleich bestand. Hierfür eignen sich sog. Synopsen, in denen die alten und neuen §§ gegenübergestellt werden.

Besonders bei Miet- oder Werkverträgen muss fast immer eine Abgrenzung zu einem anderen Vertragstypus geprüft werden.

---

[1] Soweit nicht anders gekennzeichnet, sind alle Paragraphen solche des BGB.
[2] Schellhammer Zivilrecht, 3. Teil: Miete 1. Kapitel, Rn. 167; MüKo-Häublein, § 535 Rn. 1; Palandt-Weidenkaff, Einf v § 535 Rn. 1.
[3] Palandt-Weidenkaff, Einf v § 535 Rn. 78; Jauernig-Teichmann, Vor § 535 Rn. 2.
[4] Palandt-Weidenkaff, Einf v § 535 Rn. 92.
[5] Medicus, Schuldrecht II, § 88a Rn.191; Emmerich-Sonnenschein, Miete, §535 und 536 Rn. 53; BGHZ 55, 248, 249.
[6] Palandt-Weidenkaff, Einf v § 535 Rn. 16; Erman-Jendrek, vor § 535 Rn. 11.
[7] Palandt-Weidenkaff, Einf v § 535 Rn. 16; MüKo-Häublein, vor § 535 Rn. 5.

mieten. Die Sachverhaltsangabe „verschiedene Untersuchungs- und Behandlungsgerä-
te" lässt darauf schließen, dass ein Fruchtgenuss seitens des M ohne Veränderungen
an der Einrichtung ausscheidet, so dass kein Pachtvertrag vorliegt. Somit kann nur ein
Mietvertrag vorliegen. Dessen Voraussetzungen sind weiter zu prüfen.

Die Dauer des Vertrages ist dem Sachverhalt nicht zu entnehmen. Er ist daher auf unbestimmte Zeit geschlossen worden. Der Mietvertrag wird am 1.9.2003 unterschrieben.
Folglich haben sich V und M über das Mietobjekt, die Praxis, und den Mietzins in Höhe
von 2.500,-- EUR geeinigt. Eine Praxis stellt im Sinne der oben genannten Definition
einen Geschäftsraum dar, da M diese freiberuflich nutzen will. Somit ist ein wirksamer
Mietvertrag auf unbestimmte Zeit über Geschäftsräume zustande gekommen.

2. Anfechtung

Die Anfechtung kann auch unter "Anspruch untergegangen" geprüft werden. Die Stellung innerhalb einer Prüfung ist streitig.

Fraglich ist, ob B, als er den V bittet, den Vertrag rückgängig zu machen, gemäß § 119 wirksam angefochten hat, so dass der Vertrag als
von Anfang an gem. § 142 I als nichtig anzusehen ist. Die Anfechtung
ist eine einseitige empfangsbedürftige Willenserklärung.[8] Anfechtungsberechtigt ist, wer die auf dem Willensmangel beruhende Willenserklärung abgegeben hat.[9] Die Anfechtung ist nicht übertragbar. Folglich war
B nicht anfechtungsberechtigt, und konnte daher nicht gemäß § 119 anfechten.

3. Kündigung

Dieser Teil, der die Rechtsfolgen der Kündigung darstellt, sollte in einem Gutachten am Ende der geprüften Voraussetzungen erörtert werden. Hier wird er nur aus Verständnisgründen vorgezogen.

Die Höhe des Anspruchs richtet sich nach dem Zeitpunkt, zu dem das
Mietverhältnis beendet wird. Das Mietverhältnis könnte durch Kündigung beendet worden sein.

Die Kündigung ist eine einseitige empfangsbedürftige Willenserklärung.[10] Sie ist darauf gerichtet, das Mietverhältnis nach Ablauf der Frist
oder sofort zu beenden.[11] Sie wirkt nur für die Zukunft (ex nunc), und
zwar frühestens vom Zeitpunkt der Erklärung an.[12] Man unterscheidet
drei Arten von Kündigungen: Die ordentliche, die außerordentliche be-
fristete und die außerordentliche fristlose Kündigung.[13]

---

[8] Brox/Waker, AT, § 18 Rn. 433.
[9] Larenz, Schuldrecht I, § 34 VI S. 601; Brox/Waker, AT, § 18 Rn. 434.
[10] Jauernig-Teichmann, § 542 Rn. 4; Palandt-Weidenkaff, § 542 Rn. 12.
[11] Brox/Walker, Besonderes Schuldrecht, § 13 Rn. 7; Palandt-Weidenkaff, § 542 Rn. 12; Erman-
Jendrek, § 542 Rn. 6.
[12] RGRK-Gelhaar, § 542 Rn. 2; Medicus, Schuldrecht I, Rn. 552.
[13] Schlechtriem, Schuldrecht BT, Rn. 282; Kropholler, § 542 Rn. 1ff.

a) Beendigung des Mietverhältnisses vor Beginn der Mietzeit

Fraglich ist zunächst, ob die Möglichkeit besteht, ein Mietverhältnis vor Beginn der Mietzeit zu beendigen.

Wenn der Mietvertrag geschlossen ist, kann der Kündigungstag auch vor Beginn des Mietverhältnisses liegen.[14] Die Kündigung ist also bereits vor Überlassung der Mietsache zulässig.[15] V ist der Meinung, er könne eine Kündigung vor Beginn des Mietverhältnisses nicht gelten lassen. Da der Mietvertrag allerdings bereits am 1.9.2003 unterschrieben worden ist, liegt der Kündigungstag nach dem Abschluss des Mietvertrages. Folglich kann B bereits vor Beginn des Mietverhältnisses kündigen.

Die Frage, ob das Mietverhältnis noch vor „Ingangsetzen" gekündigt werden kann, ist durchaus nicht unumstritten. Teilweise wird, ähnlich wie im Arbeitsrecht, vertreten, dass das Mietverhältnis erst zu laufen beginnen muss, um gekündigt werden zu können!!

(vgl. zum Streitstand: Palandt - Weidenkaff, § 573 c, Rn. 6.)

b) Außerordentliche fristlose Kündigung

Fraglich ist, ob eine außerordentliche fristlose Kündigung zur Beendigung des Mietverhältnisses in Frage kommt. Sie setzt Vertragsstörungen von erheblichem Gewicht voraus.[16]

(1) Dauerschuldverhältnis

V und M müssten ein Dauerschuldverhältnis geschlossen haben.

Die Miete ist ein Dauerschuldverhältnis, dessen Abwicklung sich nicht in einmaligen Leistungen erschöpft, sondern einen mehr oder minder längeren Zeitraum ausfüllt.[17] Folglich haben V und M durch den Mietvertrag ein Dauerschuldverhältnis geschlossen.

(2) Wichtiger Grund

Es müsste ein wichtiger Grund für eine außerordentliche fristlose Kündigung vorhanden sein. Dieser könnte entweder gesetzlich oder generell, bei Unzumutbarkeit der Fortsetzung des Mietverhältnisses, gegeben sein.

(a) Gesetzliche Kündigungsgründe

Fraglich ist, ob gesetzliche Kündigungsgründe greifen. Für gesetzliche Kündigungsgründe gemäß §§ 543 I, II; 569, 578 II gibt es keine Anhaltspunkte. Folglich greifen diese nicht.

Bei der Kündigung ist die Verweisungsvorschrift des § 578 II zu beachten.

---

[14] BGHZ 73, 350, 352.
[15] Erman-Jendrek, § 542 Rn. 16; BGH NJW 1987, 948, 948.
[16] Grapentin in: Bub / Belz, IV, Rn. 139; Medicus, Schuldrecht I, Rn. 564.
[17] Larenz, Schuldrecht BT II, Halbband 1, § 48 VI S. 254; Medicus, Schuldrecht II, Rn. 214; Palandt-Weidenkaff, Einf v § 535 Rn. 1.

(b) Störung der Geschäftsgrundlage

*Hier ist der später ge-
prüfte § 537 S. 1 spe-
zieller, so dass die
Störung der Ge-
schäftsgrundlage oh-
nehin nicht greift. An
dieser Stelle soll nur
einmal der Aufbau
dargestellt werden. Es
wird aber dringend
geraten, erst die spe-
ziellere Regelung zu
prüfen!*

*Ein **Prüfungsschema**
ist der 3. Hausarbeit
zu entnehmen.*

Fraglich ist weiterhin, ob die Tatsache, dass mit der Wiederherstellung der Sehkraft des M nicht zu rechnen ist, einen wichtigen Grund darstellt. In ganz schwerwiegenden Fällen hat die
betroffene Partei das Recht, den Vertrag wegen Störung der
Geschäftsgrundlage gem. § 313 I, III zu kündigen, soweit nicht
einer der gesetzlich geregelten Kündigungsgründe greift.[18]

Geschäftsgrundlagen sind bei Abschluss des Vertrages zutage
getretene, dem anderen Teil erkennbar gewordene und von ihm
nicht beanstandete Vorstellungen der einen Partei oder die gemeinsamen Vorstellungen beider Parteien vom Vorhandensein
bestimmter Umstände, sofern der Geschäftswille der Partei auf
diesen Vorstellungen beruht.[19]

(aa) Vorhandensein eines bestimmten Umstandes – reales Element

Beide Parteien müssten bei Vertragsschluss vom gemeinsamen Vorhandensein eines
bestimmten Umstandes ausgegangen sein.

V vermietet die Geschäftsräume mit Mobiliar und verschiedenen Untersuchungs- und
Behandlungsgeräten als Praxis an den Arzt Dr. M. Folglich gehen beide Parteien von
dem Umstand aus, dass M diese Praxis als Arzt weiterführt und sie auch aus diesem
Grund mietet.

(bb) Schwerwiegende Veränderung dieser Umstände

*(oder wesent-
liche Vorstel-
lungen sind
falsch -
§ 313 II)*

Dieser Umstand müsste sich schwerwiegend verändert haben (§ 313 I).
M kann aufgrund seiner Erblindung den Beruf des Arztes nicht mehr
ausführen. Mithin liegt eine schwerwiegende Veränderung dieser Umstände vor.

(cc) Parteien hätten den Vertrag bei Kenntnis der Veränderung den Ver-
trag nicht oder nicht so geschlossen – hypothetisches Element

Die Partei, die sich auf die Störung der Geschäftsgrundlage beruft, hätte bei Kenntnis
der wahren Lage den Vertrag nicht oder nicht so abgeschlossen. M schließt den Mietvertrag, um die Arztpraxis des V zu übernehmen. Folglich hätte er den Vertrag nicht
abgeschlossen, wenn er von seiner späteren Lage, der Erblindung, gewusst hätte.

---

[18] Emmerich-Sonnenschein, Miete, Vor § 537 IV 1, Rn 13; BGHZ 24, 91, 95 f.
[19] BGHZ 89, 231, 232; Jauernig-Vollkommer, § 313 Rn. 4; RG 103, 332; Brox/Walker, Schuldrecht
AT, § 27 Rn. 5; Palandt-Grüneberg, § 313 Rn. 2.

(dd) Festhalten am Vertrag ist unzumutbar – normatives Element

Weiterhin ist fraglich, ob die andere Partei sich redlicherweise auf einen anderen Vertragsinhalt hätte einlassen müssen. Das könnte dann der Fall sein, wenn die wahre Lage gemäß § 242 nicht im Risikobereich der Partei liegt, die sich auf die Störung der Geschäftsgrundlage beruft.[20] Wenn der Mieter ohne eigenes Verschulden gehindert ist, die Mietsache zu gebrauchen, wie z.B. durch lange Krankheit, liegt dies in seinem eigenen Risikobereich.[21] M erblindet infolge eines Unfalls. Berücksichtigt man, dass man jederzeit unzähligen Gefahren des täglichen Lebens ausgesetzt ist, liegt die Erblindung im Risikobereich des M. Daher ist ein Unfall, gleichgültig welcher Art, durchaus so anzusehen, dass er jederzeit im Bereich des Möglichen liegt. Folglich hätte V sich nicht auf einen solchen Vertragsinhalt einlassen müssen, dass, wenn M erblindet, er ohne weiteres den Vertrag auflösen kann.

(ee) Zwischenergebnis

V hätte sich nicht auf einen solchen Vertragsinhalt einlassen müssen.

(c) Zwischenergebnis

Es besteht weder die Möglichkeit aus gesetzlichem noch eines schwerwiegenden Grundes wegen Störung der Geschäftsgrundlage zu kündigen.

(3) Zwischenergebnis

Die Tatsache, dass mit der Wiederherstellung der Sehkraft des M nicht zu rechnen ist, stellt keinen wichtigen bzw. schwerwiegenden Grund dar.

c) Ordentliche Kündigung des B

Die Höhe des Anspruchs des V auf Zahlung des Mietzinses durch M könnte durch ordentliche Kündigung des B bestimmt worden sein. Fraglich ist, ob B, durch die Aussage er müsse zum nächsten Termin kündigen, den Mietvertrag ex nunc unwirksam gemacht hat. Die ordentliche Kündigung bezieht sich gemäß § 542 auf Mietverträge, die auf unbestimmte Zeit eingegangen sind. Die Wirksamkeit ist davon abhängig, dass bestimmte Kündigungsfristen eingehalten werden (§ 573c).[22]

Bereits hier hätte die Problematik des § 180 erörtert werden können.

Vorliegend wird dieses Problem unter A.I.3 d) behandelt.

(1) Auf unbestimmte Zeit geschlossenes Dauerschuldverhältnis

V und M müssten ein Dauerschuldverhältnis geschlossen haben, das nicht zeitlich begrenzt ist. Da der Sachverhalt jedoch keine Angabe zu einer zeitlichen Begrenzung enthält, besteht zwischen M und V ein Dauerschuldverhältnis, das auf unbegrenzte Zeit geschlossen ist.

---

[20] BGH NJW 1991, 1478, 1479; BGH NJW 1978, 2390, 2391.
[21] BGH, NJW-RR 91, 267, 267; Jauernig-Stadler, § 313 Rn. 20ff.
[22] Erman-Jendrek, § 542, Rn.16; Fikentscher/Heinemann, Schuldrecht, § 77 Rn. 1046.

(2) Kündigungsgrund

Fraglich ist, ob die Angabe eines Kündigungsgrundes durch B erforderlich war. Die ordentliche Kündigung kann ohne Angaben über Kündigungsgründe erfolgen.[23] Folglich hätte B darauf verzichten können, Kündigungsgründe anzuführen.

(3) Kein Ausschluss

Da keine näheren Angaben im Sachverhalt gegeben sind, ist davon auszugehen, dass es in diesem Fall keine Ausschlussgründe für die Kündigung gibt.

(4) Kündigungserklärung

Fraglich ist, ob die Erklärung des B eventuellen Formvorschriften genügt und dem V fristgerecht zugeht.

(a) Form

Fraglich ist, ob die Kündigung gemäß § 568 den Formvorschriften genügen muss. Das Anmieten einer Arztpraxis stellt eine Geschäftsraummiete dar. § 568 selbst ist aufgrund seiner systematischen Stellung nur auf die Wohnraummiete anwendbar.[24] Ein Verweis durch § 578 auf § 568 erfolgte durch den Gesetzgeber des Weiteren nicht. Folglich musste sich B an keinerlei Formvorschriften halten.

(b) Zugang

Fraglich ist, ob die Kündigungserklärung zugegangen ist. Die Kündigungserklärung wird gemäß § 130 mit ihrem Zugang wirksam. Zugegangen ist die Erklärung, wenn sie derart in den Bereich des Empfängers gelangt ist, dass dieser unter normalen Gegebenheiten in der Lage ist, von ihr Kenntnis zu nehmen.[25] In diesem Fall handelt es sich um eine Erklärung unter Anwesenden. Folglich ist vom Zugang der Erklärung auszugehen.

(c) Frist

B müsste fristgerecht gekündigt haben. Kündigungsfrist ist der Zeitraum zwischen dem Tag, vor dessen Ablauf die Kündigungserklärung spätestens zugehen muss, und dem Kündigungstermin; der Kündigungstermin ist der Tag, an dem das Mietverhältnis enden soll.[26]

Gemäß § 580a II ist die Kündigung über Geschäftsräume spätestens am dritten Werktag eines Kalendervierteljahres für den Ablauf des nächsten Kalendervierteljahres zulässig.

---

[23] Schlechtriem, Schuldrecht BT, Rn. 283; Medicus, Schuldrecht II, § 88a Rn. 213; Palandt-Weidenkaff, § 542 Rn. 14.

[24] Palandt-Weidenkaff, § 568 Rn. 2.

[25] BGHZ 67, 271; BAG, NJW 84, 1651, 1658; Wolf/Eckert, A IV, Rn. 248; Brox/Walker, AT, § 7 Rn. 149; Kropholler, § 130 Rn. 3; Palandt-Heinrichs-Ellenberger, § 130 Rn. 5.

[26] Palandt-Weidenkaff, § 573c Rn. 4; BGH NJW 79, 1288, 1288.

B geht am 10.12.2003 zu V, um ihm zu erklären, dass er den Vertrag zum nächstmöglichen Termin kündigen will. Seine Erklärung wirkt so, als habe er sie innerhalb der ersten drei Werktage des Januars erklärt. Folglich hält er sich so an die vorgegebene Frist von sechs Monaten und kündigt zum 30.6.2004.

(d) Zwischenergebnis

B hat eine fristgerechte Kündigung erklärt, die den Formvorschriften genügt und dem V auch zugegangen ist.

(5) Wirksamkeit der Kündigungserklärung

Die Kündigungserklärung müsste jedoch wirksam zugegangen sein.

(a) Betreuung

Dadurch, dass M laut Sachverhalt psychisch labil ist und seine Angelegenheiten erst später wieder mit einiger Hilfe selbst besorgen kann, stellt sich die Frage, ob B gemäß § 1896 S. 3 als Betreuer des M tätig wird. Dazu wäre ein Antrag des körperlich Behinderten beim Vormundschaftsgericht notwendig. M ist aufgrund seiner Erblindung körperlich behindert. Einen solchen Antrag stellt er jedoch nicht. Folglich darf B gemäß § 1896 I S. 3 nicht als Betreuer des M tätig werden.

Die Frage, ob eine Betreuung vorliegt, ist schon eher als abwegig zu beurteilen. Wenn der Punkt allerdings wie hier sehr knapp angesprochen wird, kann sich dies durchaus positiv bemerkbar machen.

(b) Stellvertretung

Fraglich ist, ob B bei Abgabe der Kündigungserklärung Vertretungsmacht gehabt hat.

(aa) Eigene Willenserklärung des Vertreters

Nach den allgemeinen Regeln der §§ 164 ff. ist für eine Stellvertretung zunächst eine eigene Willenserklärung des Vertreters notwendig. B erklärt V, er wolle zum nächstmöglichen Termin kündigen. Darin ist eine Willenserklärung zu sehen. Folglich gibt B eine eigene Willenserklärung ab.

Zur Stellvertretung s. Monhemius, Grundprinzipien der Stellvertretung mit Bezügen zum Handels- und Gesellschaftsrecht, JA 1998, 378 ff.

(bb) Im Namen des M

Weiterhin müsste er die Kündigungserklärung im Namen des M abgegeben haben (§ 164 I 1). Mit diesem „Offenkundigkeitsprinzip" soll es für den Dritten erkennbar sein, dass der Erklärende für einen anderen handelt.[27] B spricht bei V als Bruder des M vor und teilt diesem den Sachverhalt mit, so dass V davon ausgehen muss, dass B sich um die Geschäfte des M kümmert und nicht um seine eigenen. Folglich handelt B in fremdem Namen.

---

[27] Brox/Walker, AT, § 24 Rn. 524; Kropholler, § 164 Rn. 9; Palandt-Heinrichs, Einf v § 164 Rn. 2.

(cc) Vertretungsmacht

Als nächstes müsste B bei der Abgabe der Kündigungserklärung zum nächsten Termin Vertretungsmacht gehabt haben. Gemäß § 164 I S. 1 muss der Vertreter innerhalb der ihm zustehenden Vertretungsmacht handeln. Handelt eine Person als Vertreter, treffen die rechtsgeschäftlichen Folgen den Vertretenen, als wenn diese Person selbst rechtsgeschäftlich handelt.[28] Da den Vertretenen die Folgen treffen, müsste M über das Handeln eines Vertreters in seinem Namen Bescheid wissen. B macht dem V deutlich, dass er ohne ausdrückliches Einverständnis des M handelt, um diesen zu schonen. M weiß also nichts von der Kündigungserklärung des B gegenüber V. Folglich handelt B ohne Vertretungsmacht.

(c) Zwischenergebnis

B hat ohne Vertretungsmacht gehandelt.

(6) Ergebnis

Die Kündigungserklärung ist nicht wirksam, da B ohne Vertretungsmacht handelte.

d) Genehmigung durch M

Sollten sich Fälle des Vertreters ohne Vertretungsmacht ergeben, beachte die Problematik der An scheins- und der Duldungsvollmacht.

Hier ist auch ein anderes Ergebnis vertretbar. Nach OLG Celle, ZMR 99, 237, ist eine Genehmigung einer ohne Vertretungsmacht ausgesprochenen Kündigung durch den Vertretenen nicht möglich!

Fraglich ist, ob M die Kündigungserklärung, die B ohne sein Einverständnis abgegeben hat, nachträglich gemäß §§ 180 S. 2, 2. Alternative, 184 I genehmigen kann. Genehmigung ist die nachträgliche Zustimmung zu einem zustimmungsbedürftigen Rechtsgeschäft.[29]

Gemäß § 180 S. 1 ist die Vertretung ohne Vertretungsmacht bei einem einseitigen Rechtsgeschäft grundsätzlich nicht zulässig. Die Kündigung stellt ein einseitiges Rechtsgeschäft dar. Es könnte hier jedoch die Ausnahme des §180 S. 2, 2. Alternative greifen, wonach die Vorschriften über Verträge gelten, wenn der Geschäftsgegner mit dem Handeln ohne Vertretungsmacht einverstanden gewesen ist.

(1) Einverständnis mit Handeln ohne Vertretungsmacht

Die absolut h.M. geht davon aus, dass im Rahmen der aktiven Stellvertretung die §§ 177 ff. anwendbar sind, wenn der Adressat in Kenntnis der fehlenden Vertretungsmacht einverstanden war, dass das Geschäft durch den vollmachtlosen Vertreter vorgenommen wurde.[30] Das durch § 180 S. 2 geforderte Einverständnis kann durch schlüssige

---

[28] Brox/Walker, AT, § 23 Rn. 508; Palandt-Heinrichs, Einf v § 164 Rn. 1.

[29] MüKo-Schramm, § 184 Rn. 1; Leipold, BGB I, § 2, Rn. 361; Brox/Walker, AT, § 22 Rn. 503; Palandt-Heinrichs, Einf v § 182 Rn. 1.

[30] Staudinger-Schilken, § 180 Rn.4; Soergel-Leptien, § 180 Rn. 10; Palandt-Heinrichs, § 180 Rn.1.

bzw. konkludente Handlung erfolgen.[31] Bloßes Schweigen dagegen genügt nicht.[32] Das Einverständnis setzt voraus, dass der andere Teil das Fehlen der Vertretungsmacht kennt oder es zumindest für möglich hält.[33] Die Kündigung ist bis zum Zeitpunkt der Genehmigung schwebend unwirksam.[34]

B geht am 10.12.2003 zu V und teilt ihm mit, dass er einstweilen ohne ausdrückliches Einverständnis des M vorgehen müsse, um diesen zu schonen. Nachdem B dem V erklärt, er müsse zum nächsten Termin kündigen, erwidert V, er könne eine solche Kündigung vor Beginn des Mietverhältnisses nicht gelten lassen. Folglich wusste V von der fehlenden Vertretungsmacht des B, da B ihm mitteilte, dass er M schonen wolle. V sagt lediglich, dass er eine solche Kündigung nicht gelten lassen kann. Trotz Kenntnis über die vollmachtlose Vertretung hätte er gegen eine Kündigung des B nichts einzuwenden, soweit sie nach dem Beginn des Mietverhältnisses liegen würde. Darin ist also eine Einverständniserklärung des V zu sehen, dass er nichts gegen die fehlende Vertretungsmacht einzuwenden hat. Eine Genehmigung der Kündigung des B ist daher möglich. Die Kündigung ist bis zu diesem Zeitpunkt schwebend unwirksam.

(2) Rechtsfolgen

Es handelt sich in diesem Fall um die Kündigung eines Mietverhältnisses über Geschäftsräume, die gemäß § 580a II an eine Frist gebunden ist. Fraglich ist, welche Rechtsfolgen die Genehmigung der schwebend unwirksamen Kündigung eines fristgebundenen Rechtsgeschäfts hat. In der Literatur ist umstritten, innerhalb welcher Frist die Genehmigung der vollmachtlos erklärten Kündigung erfolgen muss.

(a) Eine Ansicht

Eine Ansicht geht zunächst davon aus, dass die Genehmigung einer ordentlichen Kündigung grundsätzlich vor Beginn der Kündigungsfrist erfolgen muss.[35] Das würde bedeuten, dass M die unwirksame Kündigung des B schon vor dem dritten Werktag des nächsten Kalendervierteljahres hätte genehmigen müssen, damit diese zum Ende des folgenden wirksam wird. Er hätte die Genehmigung also schon vor dem 05.01.2004 erklären müssen.

Meinungsstreitigkeiten sollten grundsätzlich durch unterschiedliche Überschriften kenntlich gemacht werden. Besser als die hier gewählte Überschrift, sind Überschriften, die den Inhalt der Meinung andeuten, wie „vermittelnde Auffassung".

Sie unterscheidet jedoch noch den Fall, dass, wenn der Geschäftsgegner mit dem Handeln ohne Vertretungsmacht einverstanden war, darin ein Verzicht auf die Einhaltung

---

[31] Palandt – Heinrichs, § 180 Rn. 1.
[32] Erman-Palm, § 180 Rn. 7; MüKo-Schramm, § 180 Rn. 10.
[33] Soergel-Leptien, § 180 Rn. 11; MüKo-Schramm, § 180 Rn. 10; Palandt-Heinrichs, § 180 Rn. 1.
[34] Staudinger-Schilken, § 180 Rn. 4.
[35] MüKo-Schramm, § 180 Rn 12; Erman-Palm, § 180 Rn. 8.

der Frist gesehen werden kann.[36] V war, wie oben bereits erläutert, konkludent mit dem Handeln des B als Vertreter ohne Vertretungsmacht einverstanden. Das hätte zur Folge, dass M jederzeit die Möglichkeit hätte zu kündigen, ohne auf die normierten Kündigungsfristen Rücksicht zu nehmen. Folglich wäre die Kündigung des B durch die Genehmigung des M zum 30.06.2004 wirksam.

(b) Andere Ansicht

Der überwiegende Teil der Literatur geht dagegen davon aus, dass, wenn das Rechtsgeschäft an eine Frist gebunden ist, auch die Genehmigung innerhalb dieser Frist erfolgen muss.[37] Die Kündigung muss gemäß § 580a II am dritten Werktag des laufenden Kalendervierteljahres zum Ende des folgenden Kalendervierteljahres erfolgen. B kündigt am 10.12.2003 ohne Vertretungsmacht. M genehmigt diese Kündigung am 04.01.2004, doch geht diese Genehmigung dem V erst am 05.01.2004 zu. Gemäß § 130 I S.1 wird die Genehmigung erst mit dem Zugang wirksam.[38] Da dies erst am 05.01.2004 geschieht, also am 4. Werktag des Januars, wäre die Kündigung nicht zum 30.06.2004 wirksam.

(c) Stellungnahme

Hier kommen die dargestellten Meinungen zu einem unterschiedlichen Ergebnis. Nur in derartigen Fällen ist ein Streitentscheid erforderlich.

Würde man der ersten Ansicht folgen, wäre der Erklärungsempfänger (V) über den Zustand des einseitigen Rechtsgeschäfts im Unklaren. V müsste zu jeder Zeit damit rechnen, dass die Kündigung durch M genehmigt wird und damit wirksam ist. Er könnte nicht einmal am 05.01.2004 davon ausgehen, dass die Frist für den 30.06.2004 abgelaufen ist. Fraglich ist weiterhin, inwieweit der Erklärungsempfänger (V) sich überhaupt über die Tragweite seiner konkludenten Einverständniserklärung zu der Vertretung ohne Vertretungsmacht im Klaren sein kann, die gleichzeitig bedeutet, dass er auf die Frist verzichtet.

Die andere Ansicht erlaubt ebenfalls die Genehmigung eines einseitigen Rechtsgeschäfts, ohne hingegen den Kündigungsschutz des Erklärungsempfängers auszuschließen.

Die zweite Ansicht erscheint daher plausibler, da nicht davon auszugehen ist, dass jemand sich über die Tragweite einer konkludenten Einverständniserklärung bewusst ist. Die erste Ansicht geht demnach zu weit. Folglich ist der zweiten Ansicht zu folgen, nach der die Kündigung aufgrund der verspäteten Genehmigung nicht zum 30.06.2004 wirksam ist.

---

[36] MüKo-Schramm, § 180 Rn. 12.
[37] Staudinger-Schilken, § 180 Rn. 6; Soergel-Leptien, § 180 Rn 13; Erman-Palm, § 180 Rn. 8; RGRK-Steffen, § 180 Rn.5; BGH 32, 383, 383.
[38] Palandt-Heinrichs-Ellenberger, § 130 Rn. 5; Brox/Walker, AT, § 7 Rn. 149.

(3) Wirksamkeit zum nächsten Termin

Fraglich ist, ob die Kündigung, die durch M zu spät genehmigt wurde, zum nächsten Termin (30.09.2004) wirksam wird.

Die Rückwirkung einer nach dem Fristablauf erklärten Genehmigung scheitert am Ablauf der Ausschlussfrist. Das Interesse des Vertretenen, eine außerhalb der Vertretungsmacht in seinem Namen abgegebenen einseitige Willenserklärung nach den §§ 177, 180 noch genehmigen zu können, muss nach dem Ablauf der Frist hinter dem Interesse an der objektiven Klarheit über die bestehenden Rechtsverhältnisse zurücktreten.[39] Der Geschäftsgegner muss sich mit dem Ablauf der Frist darauf einstellen können, dass das Rechtsgeschäft nicht mehr genehmigt werden kann. Folglich wirkt die verspätete Genehmigung der Kündigung des vollmachtlosen B nicht zum 30.09.2004.

Dieses Ergebnis kann auch anders gesehen werden, da der Inhalt der Erklärung „zum nächstmöglichen Termin" ist.

(4) Zwischenergebnis

Die schwebend unwirksame Kündigung des B ist nicht innerhalb der Frist genehmigt worden und bleibt daher unwirksam.

e) Ordentliche Kündigung des M

Fraglich ist, ob die schriftliche Kündigung des M vom 04.01.2004 zum 31.03.2004 wirksam ist. Dann müsste er ordentlich gekündigt haben.

(1) Auf unbestimmte Zeit geschlossenes Dauerschuldverhältnis

V und M müssten ein Dauerschuldverhältnis auf unbestimmte Zeit abgeschlossen haben. Zwischen M und V besteht ein Dauerschuldverhältnis in Form der Miete, das ohne eine bestimmte Zeitvereinbarung geschlossen worden ist.

(2) Kündigungsgrund

Ein besonderer Kündigungsgrund ist bei der ordentlichen Kündigung nicht erforderlich.[40]

(3) Kein Ausschluss

Da wie oben keine Angaben über Ausschlussgründe gegeben sind, kann davon ausgegangen werden, dass hier keine vorliegen.

(4) Kündigungserklärung

Die Kündigungserklärung müsste eventuellen Formvorschriften genügen und dem V fristgerecht zugehen.

---

[39] BAG NJW 1987, 1038, 1039.
[40] Medicus, Schuldrecht II, § 88a Rn. 213; Palandt-Weidenkaff, § 542 Rn. 14.

(a) Form

Unter Umständen müsste die Kündigungserklärung gemäß § 568 den Formvorschriften genügen. Da die Kündigung einer Geschäftsraummiete nicht formbedürftig ist, musste M sich an keinerlei Formvorschriften halten.

(b) Zugang

Die Kündigungserklärung des M müsste dem V zugegangen sein. Die Kündigungserklärung wird gemäß § 130 erst mit ihrem Zugang wirksam. M wiederholt die Kündigung zum 31.03.2004 am 04.01.2004. V erhält das Schreiben des M allerdings erst am 05.01.2004. Folglich ist die Kündigung des M am 05.01.2004 zugegangen und wird zu diesem Zeitpunkt auch wirksam.

(c) Frist

Fraglich ist weiterhin, ob M zum 31.03.2004 fristgerecht gekündigt hat. Gemäß § 580a II ist bei einem Mietverhältnis über Geschäftsräume die Kündigung spätestens am dritten Werktag eines Kalendervierteljahres für den Ablauf des nächsten zulässig. Wenn die Kündigung des M zum 31.03.2004 wirksam sein soll, hätte M bis spätestens zum dritten Werktag des Oktobers die Kündigung erklären müssen. Folglich hat M die Kündigung zum 31.03.2004 nicht fristgerecht erklärt.

(d) Zwischenergebnis

Die Kündigungserklärung des M zum 31.03.2004 ist nicht fristgerecht erklärt worden.

(5) Wirksamkeit zum nächstmöglichen Termin

Die verspätete Kündigungserklärung könnte zum nächstmöglichen Kündigungstermin wirksam geworden sein. Eine verspätete Kündigung wird für den nächst zulässigen Endtermin wirksam, wenn eine Auflösung des Mietverhältnisses erkennbar auch für diesen Fall gewollt ist.[41] Mit der Wiederherstellung der Sehkraft des M ist nicht zu rechnen. Er ist daher auch in Zukunft nicht an der Miete der Arztpraxis des V interessiert, so dass eine Auflösung des Mietverhältnisses in jedem Fall gewollt ist. Folglich wird die Kündigung zum nächst zulässigen Endtermin wirksam.

Fraglich ist jedoch, zu welchem Zeitpunkt die Kündigung des M wirksam wird. Die Erklärung geht dem V am 05.01.2004 zu, also am vierten Werktag des Januars. Folglich kann der M nicht zum 30.06.2004 kündigen, da er dafür einen Tag zu spät erklärt hat. Er kann daher erst zu dem darauf folgenden Termin, dem 30.09.2004 kündigen. Die Kündigung des M wirkt folglich so, als habe er innerhalb der ersten drei Werktage des Aprils gekündigt.

---

[41] LG Köln, WuM 1993, 542; AK BGB-Derleder, § 564, Rn. 3; Erman-Jendrek, § 542 Rn. 19; OLG Frankfurt NJW-RR 90, 337, 337; Palandt-Weidenkaff, § 542 Rn. 19.

f) Zwischenergebnis

M hat zum 30.09.2004 gekündigt. Er müsste daher bis Ende September noch neun Monate den Mietzins zahlen.

g) Persönliche Verhinderung (§ 537)

Fraglich ist, ob M trotz seiner Erblindung, wodurch er das Mietverhältnis nicht antreten kann, die von V geforderten 8.500,--EUR zahlen muss.

(1) Verhinderung des M

Fraglich ist, ob M, trotz seiner Verhinderung der Ausübung des ihm zustehenden Gebrauchsrechts, den Mietzins entrichten muss. Gemäß § 537 S. 1 wird der Mieter nicht dadurch von der Zahlung des Mietzinses befreit, dass er durch einen in seiner Person liegenden Grund am Gebrauch gehindert wird.

(a) Anwendbarkeit des § 537

Zunächst müsste § 537 auch schon vor der Überlassung der Mietsache anwendbar sein. Gemäß § 537 wird der Mieter nicht von der Zahlungspflicht befreit, wenn der Hinderungsgrund in seiner Person liegt, egal ob er das Mietverhältnis angetreten hat oder nicht.[42] Folglich ist § 537 anwendbar, obwohl M das Mietverhältnis noch nicht angetreten hat.

(b) Risikobereich

Die Erblindung müsste in den Risikobereich des M fallen. Auch eine unverschuldete persönliche Verhinderung befreit den Mieter nicht, wie z.B. Tod, Krankheit, und alles, was in seinen Risikobereich fällt.[43] M erblindet infolge eines Unfalls. Dies stellt einen Hinderungsgrund dar, der in den Risikobereich des M fällt. Folglich ist M weiterhin zur Zahlung des Mietzinses verpflichtet.

(c) Zwischenergebnis

§ 537 findet hier Anwendung. M ist gemäß § 537 S.1 zur Zahlung des Mietzinses trotz seiner Erblindung verpflichtet.

(2) Zahlung der Mietzinsdifferenz

Fraglich ist jedoch, wie es sich auswirkt, dass V die Geschäftsräume ab 01.03.2004 an den Dritten D zu einem Mietzins in Höhe von 2.000,--EUR vermietet.

---

[42] BGH NJW 1997, 193; Wolf/Eckert, A III, Rn. 157; Palandt-Weidenkaff, § 537 Rn. 1; Rädler, NJW 93, 689, 689.

[43] OLG Düsseldorf, MDR 2001, 83; Palandt-Weidenkaff, § 537 Rn.4; Fikentscher/Heinemann, Schuldrecht, § 77 Rn. 1013.

(a) § 537 S. 2

Gemäß § 537 S. 2 muss sich der Vermieter diejenigen Vorteile anrechnen lassen, die er aus der anderweitigen Verwertung des Gebrauchs erlangt. Die anderweitige Verwertung der Sache liegt sowohl bei eigenem Gebrauch der Sache durch den Vermieter, als auch bei deren Überlassung an einen Dritten vor.[44] Es handelt sich hierbei um eine Vorteilsausgleichung nach dem Grundsatz von Treu und Glauben.[45] M überlässt die Räume ab dem 01.03.2004 dem D. Er erhält von diesem 2.000,--EUR Mietzins, also 500,--EUR weniger als von M. Folglich muss V sich gemäß § 537 S. 2 im Monat 2.000,--EUR aus der anderweitigen Verwertung der Mietsache anrechnen lassen.

(b) Zwischenergebnis

V muss sich ab dem 01.03.2004 den Wert aus der anderweitigen Verwertung der Mietsache in Höhe von 2.000,-- EUR anrechnen lassen. M muss folglich von diesem Zeitpunkt an 500,- EUR Mietzinsdifferenz im Monat an V zahlen.

(c) § 537 II

§ 537 II geht dagegen darauf ein, dass, solange der Vermieter durch die Überlassung der Mietsache an einen Dritten nicht in der Lage ist dem Mieter den Gebrauch zu gewähren, der Mieter nicht zur Zahlung des Mietzinses verpflichtet ist. In Literatur und Rechtsprechung herrscht Uneinigkeit darüber, ob der Mieter dem Vermieter die Differenzmiete zahlen muss, wenn der Mieter vorzeitig auszieht und der Vermieter - ohne den Mietvertrag zu kündigen - die gemieteten Räume zu einem geringeren Mietzins an einen Dritten weitervermietet.[46]

(aa) Eine Ansicht

Eine Ansicht geht davon aus, dass in einem solchen Fall regelmäßig der gesamte Mietzinsanspruch gegen den ursprünglichen Mieter nach § 537 II erlischt. Dem Vermieter stehe der Anspruch auf Mietzins nicht zu, solange er außerstande sei, dem Mieter den Mietgebrauch zu gewähren. Durch die Neuvermietung bringe er konkludent zum Ausdruck, dass er den Mieter nicht mehr am Vertrag festhalten will, so dass in der Regel von einer Mietaufhebungsvereinbarung ausgegangen werden könne.[47] Folglich hätte V keinen Anspruch auf Zahlung der Differenzmiete in Höhe von 3.500,-- EUR, da er ab dem 01.03.2004 nicht mehr in der Lage ist, dem M den Gebrauch der Mietsache zu gewähren.

---

[44] Emmerich-Sonnenschein, Miete § 552 I, Rn. 1; Palandt-Weidenkaff, § 537 Rn. 11.
[45] Wolf/ Eckert, A III, Rn. 158; BGH, NJW 93, 1645, 1645.
[46] BGH, MDR 1993, 641 f; Palandt – Weidenkaff, § 537 Rn. 12.
[47] Sternel, Mietrecht III, Rn.100; OLG München, NJW-RR 1992, 204, 205; OLGDüsseldorf, NJW-RR 1986, 507, 507; OLG München, ZMR 1992, 51, 52.

(bb) Andere Ansicht

Eine andere Ansicht nimmt dagegen an, dass es unbillig sei, wenn sich der vertragsuntreue Mieter auf § 537 II berufen könne und die Mietdifferenz nicht zahlen müsse, obwohl der Vermieter, indem er das Mietobjekt weitervermietet habe, zumindest auch im Interesse des Mieters gehandelt habe. Auf diese Weise werde der wirtschaftliche Schaden verringert. Durch ein anderes Ergebnis würde der vertragsuntreue Mieter belohnt. Ein Entgegenkommen des Vermieters dürfe dagegen nicht zu seinem Rechtsverlust führen. Der Mieter müsse daher ohne Kündigungsmöglichkeit zur Zahlung der Differenz zwischen dem von ihm geschuldeten und dem durch die Weitervermietung erzielten Entgelt verpflichtet bleiben.[48] V hätte somit durch die Weitervermietung auch im Interesse des M gehandelt, um für diesen den Schaden möglichst gering zu halten. Ohne die Vermietung an den D wäre M verpflichtet gewesen, den gesamten Mietzins anstelle der Mietzinsdifferenz zu zahlen. Müsste M dagegen gemäß § 537 II nicht zahlen, hätte der V Nachteile durch ein Unglück (Unfall), das im Risikobereich des M liegt. Folglich hätte V nach dieser Ansicht weiterhin Anspruch auf Zahlung der Differenzmiete, obwohl er nicht mehr zur Überlassung des Gebrauchs in der Lage ist.

(cc) Vermittelnde Ansicht

Eine dritte, wohl vermittelnde Ansicht, will den Anspruch des Vermieters dann nicht entfallen lassen, wenn der Vermieter vor der Weitervermietung dem Mieter gegenüber deutlich gemacht hat, dass er in dessen Interesse - mit dem Ziel ihn von der geschuldeten Mietzinszahlung teilweise freizustellen - die Mietsache an einen Dritten weitervermieten will. Dabei müsse der Wille des Vermieters, das Interesse des Mieters wahrnehmen zu wollen, nach außen erkennbar hervortreten, etwa durch Anzeige der beabsichtigten anderweitigen Gebrauchsüberlassung an den Mieter.[49] Sei der Mieter allerdings endgültig ausgezogen, so könne davon ausgegangen werden, dass der Vermieter zumindest auch im Interesse des Mieters gehandelt habe.[50]

Da feststeht, dass der M auch in Zukunft die Praxis nicht in Anspruch nehmen wird, kann nach dieser Ansicht davon ausgegangen werden, dass der V zumindest auch im Interesse des M gehandelt hat. Folglich hätte V auch nach dieser Ansicht Anspruch auf Zahlung der Differenzmiete.

---

[48] Wolf/Eckert, A III, Rn. 162; RGRK-Gelhaar, § 552, Rn 10; OLG Frankfurt, ZMR 1993, 114, 115; OLG Köln, NJW-RR 1990, 1232, 1233.

[49] Emmerich-Sonnenschein, Miete § 552, Rn. 13; LG Köln, WuM 1987, 84 f; OLG Hamm, ZMR 1986, 281, 281.

[50] MüKo-Bieber, § 537 Rn. 10; OLG Hamm, MDR 1986, 760, 761; OLG München, NJW-RR 1992, 204, 205.

(dd) Stellungnahme

Der Wortlaut des § 537 spricht für die Richtigkeit der ersten Meinung.

Die Vertreter der zweiten und dritten Meinung weisen aber zu Recht darauf hin, dass es zu unbilligen Ergebnissen kommen kann, wenn der Mieter, der ohne Rücksicht auf den Vertrag ausgezogen ist und keine Miete zahlt, von seiner Verpflichtung zur Zahlung nur deshalb frei würde, weil der Vermieter zu einem niedrigen Mietzins weitervermietet und auf diese Weise versucht hat, aus der vom Mieter wenn auch nicht absichtlich geschaffenen Situation im Interesse beider Parteien das Beste zu machen.

Weiterhin ist gegen die erste Ansicht anzuführen, dass es rechtsmissbräuchlich erscheint, einerseits die Zahlung der Differenzmiete zu verweigern, sich aber andererseits darauf zu berufen, dass der Vermieter nicht mehr zur Gebrauchsüberlassung in der Lage gewesen sei.

Da M die Mietsache nicht in Anspruch nimmt und dies auch in Zukunft aufgrund seiner Erblindung nicht tun wird, ist sich daher dem Ergebnis nach sowohl der dritten als auch der vermittelnden Ansicht anzuschließen. Eine weitere Diskussion der beiden Ansichten ist daher nicht erforderlich. Folglich ist M, entgegen dem Wortlaut des § 537 II, zur Zahlung der Mietzinsdifferenz verpflichtet.

(3) Zwischenergebnis

V muss sich gemäß § 537 I S. 2 die 2.000,-- EUR aus der Vermietung an D anrechnen lassen. M wird nicht gemäß § 537 II von der Zahlung dadurch befreit, dass V die Praxis an D weitervermietet.

h) Ergebnis

Der Anspruch ist auch der Höhe nach entstanden V. hat einen Anspruch auf Zahlung des Mietzinses in Höhe von 8.500,-- EUR. Er erhält die 5.000,-- EUR aus den Monaten Januar und Februar, und den Differenzmietzins der Monate März bis September jeweils in Höhe von 500,--EUR.

II. Anspruch untergegangen

Wie oben dargestellt, hätte man auch hier die Anfechtung prüfen können.

Der Rücktritt gehört aber auf jeden Fall unter den Prüfungspunkt Untergang.

1. Rücktritt

Der Anspruch auf Mietzinszahlung könnte durch Rücktritt vom Vertrage weggefallen sein. Fraglich ist, ob ein Rücktritt vom Vertrage möglich ist.

a) Rücktrittsgrund

Dann müsste ein Rücktrittsgrund gegeben sein.

(1) Vertragliches Rücktrittsrecht

V und M müssten ein vertragliches Rücktrittsrecht gemäß § 346 vereinbart haben. Da dem Sachverhalt nichts Näheres zu entnehmen ist, kann davon ausgegangen werden, dass dies nicht geschehen ist.

(2) Gesetzliches Rücktrittsrecht

Für ein gesetzliches Rücktrittsrecht gemäß § 323 bestehen   ebenfalls keinerlei Anhaltspunkte.

b) Zwischenergebnis

Ein Rücktritt vom Vertrag ist hier nicht möglich. V hat daher weiterhin Anspruch auf Zahlung des Mietzinses.

III. Anspruch durchsetzbar

Da die Einrede der Verjährung gemäß § 214 I nicht greift und auch keine sonstigen Hinderungsgründe ersichtlich sind, ist der Anspruch durchsetzbar.

B. Endergebnis

V fordert zu Recht die Zahlung des Mietzinses in Höhe von 8.500,--EUR. Da er die Zahlung allerdings bereits im Juli fordert, dagegen aber vereinbart wurde, dass die Miete monatlich am Ersten zu zahlen ist, hat V im Juli einen Anspruch auf 7.500,--EUR, und in den Monaten August und September jeweils noch einmal 500,--EUR.

2. Teil: Rechtmäßigkeit der Schönheitsreparaturen

Ein Mietvertrag ist zwischen V und M mit Hilfe des Formularvertrages geschlossen worden. Die Klausel, die den M zur Durchführung von Schönheitsreparaturen verpflichtet, müsste wirksam in den Vertrag einbezogen worden sein.

I. Anwendbarkeit der 305 ff.

Ein Ausschluss der Anwendbarkeit nach § 310 II, IV greift nicht ein, da die dort genannten Vertragstypen nicht vorliegen.

Dann müsste es sich bei der hier maßgeblichen Klausel gem. § 305 I um eine für eine Vielzahl von Verträgen vorformulierte Klausel handeln, die vom Verwender der anderen Vertragspartei bei Abschluss des Vertrages gestellt worden ist. Vorliegend handelt es sich um einen Formularvertrag, der diese Voraussetzungen erfüllt, so dass die §§ 305 ff. Anwendung finden.

Hinweis: Die Rechtmäßigkeitskontrolle Allgemeiner Geschäftsbedingungen wurde vor der Schuldrechtsreform mit Hilfe des AGBG vorgenommen. Die dortigen Normen wurden nunmehr fast identisch in das BGB eingegliedert.

Aus diesem Grund kann für die Rechtmäßigkeitskontrolle auch die vorige Rechtsprechung herangezogen werden.

II. Einbeziehung in den Vertrag

Weiterhin müsste die Klausel wirksam in den Vertrag einbezogen worden sein, d.h., der Verwender muss die andere Vertragspartei gem. § 305 II Nr. 1 ausdrücklich auf die AGB hinweisen oder der Vertragspartner muss gem. § 305 II Nr. 2 in zumutbarer Weise von dem Inhalt der AGB Kenntnis nehmen können.[51]

V und M schließen den Mietvertrag schriftlich. M musste diese Vertragsbedingung folglich unterschreiben und konnte sie daher zuvor lesen. Er konnte also in zumutbarer Weise von dem Inhalt der AGB Kenntnis nehmen.

III. Keine überraschende Klausel oder Individualvereinbarung

Weiterhin dürfte es sich bei der AGB um keine überraschende Klausel gem. § 305 c I oder um eine Individualvereinbarung nach § 305 b handeln.

Die Abwälzung von Schönheitsreparaturen ist im Mietrecht allgemein üblich[52], so dass die AGB keine überraschende Klausel gem. § 305 c I darstellt.

Für eine Individualvereinbarung fehlen Anhaltspunkte im Sachverhalt.

IV. Abweichung von Rechtsvorschriften

Gem. § 307 III muss die entsprechende AGB von Rechtsvorschriften abweichen. Durch die Klausel wird die in § 535 I S. 2 vorgeschriebene Pflicht des Vermieters auf den Mieter übertragen.

---

[51] Brox/Walker, SchuldR AT, § 4 Rn. 35 ff.; Palandt-Heinrichs, § 305 Rn. 29 ff.
[52] OLG Hamm, WM 1981, 196, 196; Benöhr, JuS 89, 913, 915.

V. Verstoß gegen §§ 308, 309

Ein Verstoß gegen die §§ 309 und 308 ist nicht ersichtlich.

VI. Verstoß gegen § 307 I

Fraglich ist, ob die Klausel gegen § 307 I verstößt. Das ist dann der Fall, wenn die Klausel den Vertragspartner entgegen den Grundsätzen von Treu und Gauben unangemessen benachteiligt.[53]

Ob eine derartige Klausel den Mieter unangemessen benachteiligt, ist umstritten.

1. Herrschende Meinung

Die herrschende Meinung geht von der Zulässigkeit der Übertragung von Schönheitsreparaturen auf den Mieter aus.[54] Dies wird vor allem damit begründet, dass bei der Kalkulation der Miete diese Übertragung berücksichtigt werde, der Mieter also durch die Übernahme von Schönheitsreparaturen einen geringeren Mietzins zahlen müsse.

Vgl. für weitere Nachweise und Argumente Sternel, Mietrecht II, 391.

2. Mindermeinung

Nach einer Mindermeinung liegt durch eine derartige Klausel ein Verstoß gegen § 307 I vor.[55] Diese Meinung entgegnet dem Preisargument vor allem, dass es empirisch nicht nachgewiesen sei, dass eine direkte Relation zwischen Mietpreis und Übernahme von Schönheitsreparaturen bestehe.

3. Streitentscheid

Für die h.M. sprechen vor allem praktische Gründe. Der Mieter hat durch eine derartige Klausel den Vorteil, dass er den Zeitpunkt und das Ausmaß der Schönheitsreparaturen selbst bestimmen kann. Weiterhin kann der Mieter durch den schonenden Gebrauch der Mietsache die Renovierungskosten gering halten. Aus den genannten Gründen wird der h.M. gefolgt.

VII. Ergebnis

Die AGB verstößt nicht gegen §§ 305 ff. und ist damit wirksamer Vertragsbestandteil geworden. Die Klausel ist somit rechtmäßig.

– Ende der Bearbeitung –

---

[53] Brox/Walker, SchuldR AT, § 4 Rn. 50; Brox/Walker, AT, § 10 Rn. 236; Palandt –Heinrichs, § 307, Rn. 6.

[54] BGHZ 92, 363, 367; BGH NJW 98, 3114, 3115.

[55] LG Koblenz, MDR 76, 143, 143; Emmerich-Sonnenschein, § 535, Rn. 39f.

Hausarbeit 3

Sachverhalt

Am 19.03.2006 verkauft der Antiquitätenhändler (V) eine Renaissance - Kommode für EUR 60.000,- an den Käufer K. V meinte, die Kommode stamme aus dem Besitz der Familie Humboldt. K ließ die Kommode im August 2006 untersuchen. Es stellte sich heraus, dass sie in Wirklichkeit aus dem Besitz Friedrichs des Großen stammte und deutlich mehr wert war. Am 2. August 2006 verkaufte K die Kommode für EUR 250.000,- an die Berliner Filiale von Sothebey`s. Dort entdeckte V die Kommode, der von alledem bisher nichts wusste, anlässlich einer Versteigerung am 19.06.2007 durch Zufall. V verlangt von K Herausgabe der Kommode Zug um Zug gegen Erstattung der EUR 60.000,-, weil er, V, sich über die Herkunft der Kommode, also den wirklichen früheren Besitzer, geirrt habe. K meint, der Irrtum sei völlig unbeachtlich und außerdem durch die Spezialvorschriften des Kaufrechts verdrängt. Außerdem sei Sothebey`s inzwischen Eigentümerin der Kommode.

1. Kann V die Kommode von K herausverlangen?

2. Kann V für den Fall, dass er die Kommode nicht herausverlangen kann, von K Ersatz der Wertdifferenz - oder eines Teils davon – verlangen?

Inhaltsverzeichnis

Gutachten

1. Frage

A. Anspruch des V aus § 985 BGB[1]

Diese Voraus-
setzungen des
§ 985 nennt
man auch Vin-
dikationslage

V könnte gegen K einen Anspruch auf Herausgabe der Kommode aus § 985 haben. Ein Herausgabeanspruch nach § 985 setzt voraus, dass V Eigentümer und K Besitzer der Kommode ist, ohne dass K ein Recht zum Besitz gegenüber V i.S.v. § 986 zustünde.

I. Eigentum des V an der Kommode

Wenn das Eigentum geprüft wird, geht man immer von dem ursprünglichen Eigentümer aus; dann fragt man sich ob dieser das Eigentum aufgrund der Übereignungstatbestände der §§ 929 ff. verloren hat.

Wichtig: das Abstraktonsprinzip sauber anzuwenden: Eigentum kann nie durch einen schuldrechtlichen Vertrag übertragen werden!!!

Fraglich ist, ob V Eigentümer der Kommode ist. Eigentum ist die volle rechtliche Herrschaft über eine Sache, d. h. das Recht mit der Sache nach Belieben zu verfahren und andere von jeder Einwirkung ausschließen zu können.[2] Ursprünglich war V Eigentümer der Kommode.

1. Eigentumsverlust durch Übereignung

Das Eigentum an der Kommode könnte durch eine Übereignung nach § 929 S. 1 von V an K jedoch übergegangen sein. Hierfür müsste eine Einigung über einen Übergang des Eigentums an der Kommode und eine Übergabe stattgefunden haben. Weiterhin müsste die Kommode eine bewegliche Sache sein.

a) Bewegliche Sache

Bewegliche Sachen sind alle körperlichen Gegenstände i.S.v. § 90, bei denen eine Ortsveränderung möglich ist.[3] Die Kommode ist ein körperlicher Gegenstand, der sich ohne größere Umstände transportieren lässt. Somit ist die Kommode eine bewegliche Sache.

b) Einigung

Für eine wirksame Übereignung müsste eine Einigung zwischen V und K vorliegen. Eine Einigung ist ein formfreier, abstrakter, dinglicher Vertrag[4], der die Vereinbarung des Veräußerers und des Erwerbers über den Übergang des Eigentums einer bestimmten

---

[1] Alle Paragraphen ohne Gesetzangabe sind solche des BGB.
[2] Brox/Walker, AT, § 28 Rn. 624; RGZ 55, 281, 284.
[3] Larenz/ Wolf AT, S. 355, § 20 Rn. 20; Brox/Walker, AT, § 36 Rn. 800.
[4] Palandt-Heinrichs, § 929 Rn. 2; Jauernig-Jauernig, § 929 Rn. 4.

Sache zum Inhalt hat.[5] Die Einigung kann auch durch schlüssiges Verhalten erfolgen.[6] Spätestens mit der Aushändigung der Kommode erklären V und K, dass sie sich einig darüber sind, dass K Eigentümer der Kommode wird. V war als Eigentümer der Kommode Verfügungsberechtigter und somit auch befugt, dieses Verfügungsgeschäft abzuschließen. Eine Einigung über den Eigentumsübergang der Kommode ist somit vorhanden.

c) Übergabe

Bei der Übergabe nach § 929 S. 1 müsste im gegenseitigen Einverständnis der Veräußerer den Besitz verlieren, der Erwerber den Besitz erwerben und dabei müsste der Gewahrsam an der Sache wechseln.[7] Weiterhin müsste der Besitzerwerb auf Veranlassung des Eigentümers erfolgen.[8]

V übergibt K die Kommode; somit verschafft V dem K den unmittelbaren Besitz an der Kommode nach § 854 I, während er selbst jegliche Besitzposition aufgibt.
Somit liegt eine Übergabe i.S.v. § 929 S. 1 vor.

d) Zwischenergebnis der Übereignung

V hat die Kommode an K gemäß § 929 wirksam übereignet.

2. Vernichtung der Übereignung

Die Übereignung könnte jedoch nichtig sein.

a) durch Anfechtung

Hierfür müsste V die Übereignung wirksam anfechten können.

(1) Zulässigkeit

Hierfür müsste ein Verfügungsgeschäft, hier die Übereignung der Kommode anfechtbar sein. Der dingliche Einigungsvertrag besteht aus korrespondierenden Willenserklärungen.[9] Willenserklärungen können angefochten und ihre Wirkung gemäß § 142 I rückwirkend vernichtet werden, wenn sie beispielsweise an einen Willensmangel i.S.v. § 119 oder § 123 leiden.[10] Somit ist eine Anfechtung der Einigungserklärung zulässig. Dies vernichtet dann die gesamte Übereignung.[11]

(2) Anfechtungsgrund

V müsste sich also bei seiner Einigungserklärung in einem rechtlich erheblichen Irrtum befunden haben. Es müsste ein Anfechtungsgrund vorhanden sein.

---

[5] Westermann, Sachenrecht, S. 277, § 38 1.
[6] MüKo–Quack, § 929 Rn. 44; Jauernig-Jauernig, § 929 Rn. 4.
[7] Wieling, SaR, § 9 I 2a.
[8] Palandt-Bassenge, § 929 Rn. 13; MüKo–Quack, § 929 Rn. 111.
[9] Wieling, SaR, § 9 I 1.
[10] Lindmann, S. 44, III.2.§1; Palandt- Heinrichs, Überbl v § 104 Rn. 34
[11] Wieling, SaR, § 1 III 3 c; Wolff / Raiser, S. 236 III.

V irrt sich beim Abschluss des Kaufvertrages über die Herkunft der Kommode. Da dabei die Vorstellung des V von der Wirklichkeit abweicht, könnte ein Eigenschaftsirrtum i.S.v. § 119 II vorliegen. Umstritten ist jedoch, ob sich ein Irrtum über eine verkehrswesentliche Eigenschaft der Sache auch auf das Verfügungsgeschäft, die Übereignung, auswirkt.

(a) Anhaften des Eigenschaftsirrtums

Zum Teil wird ein Anhaften des Eigenschaftsirrtums nach § 119 II auch beim Verfügungsgeschäft bejaht. Die Vertreter dieser Meinung führen an, dass der Kauf und die Übereignung eine konkrete Sache zum Gegenstand haben, und sich somit ebenso wie beim Kaufvertrag die Vertragserklärungen bei der Übereignung auch auf die individualisierenden Eigenschaften der Sache bezögen, weil letztere nicht von ihren Eigenschaften zu trennen sei.[12]

Weiterhin wird argumentiert, dass das Abstraktionsprinzip zwar die Unabhängigkeit der beiden Rechtsgeschäfte erfordere, es aber nicht die Wirksamkeit des Verfügungsgeschäfts unter allen Voraussetzungen gewährleisten soll.[13] Daher wird häufiger eine Fehleridentität vorliegen und eine Anfechtung gemäß § 119 II auch das dingliche Geschäft erfassen.[14]

Grundlage dieser Ansicht ist ein Reichsgerichtsurteil, bei dem bestätigt wurde, dass ein Irrtum über eine verkehrswesentliche Eigenschaft auch dem Verfügungsgeschäft anhaftet. Allerdings bezog sich das Reichsgericht bei seiner Entscheidung darauf, dass beide Rechtsgeschäfte in einem einheitlichen Willensakt zusammenfielen.[15] Somit war der Irrtum auch noch bei der Verfügung vorhanden. Da jedoch das zeitliche Zusammenfallen beider Erklärungen nicht unerheblich von Zufall mitbestimmt wird, spricht sich diese Meinung dafür aus, stärker auf den inhaltlichen und wirtschaftlichen Zusammenhang beider Rechtsgeschäfte abzustellen.[16]

Wegen des inhaltlichen Zusammenhangs ist ein Irrtum i.S.v. § 119 II daher auch beim Verfügungsgeschäft relevant. Das Verfügungsgeschäft wäre unter Berufung auf die Anfechtung des Grundgeschäfts verweigert worden, wenn der Irrtum bemerkt worden wäre.[17]

Folgt man dieser Ansicht, so würde der Irrtum des V über den Vorbesitzer der Kommode auch der Übereignung anhaften, da er sich auch bei dieser irrte. Es wäre zu prüfen, ob dieser Irrtum den Anforderungen des Eigenschaftsirrtum i.S.v. § 119 II entspricht, da

---

[12] Enneccerus, S.1051, § 169 II.
[13] Wieling, SaR, § 1 III 3c.
[14] Wieling, SaR, § 1 III 3c.
[15] RGZ 66, 385 (390).
[16] RGZ 69, 13 (16); Westermann, Sachenrecht, S.37.
[17] Grundmann, JA 85, 81.

er dann auch für die Übereignung relevant wäre. Dies würde dann gegebenenfalls die Übereignung gem. § 142 I rückwirkend vernichten.

(b) Die Verfügung als wertneutrales Rechtsgeschäft

Nach einer anderen Ansicht kann dem Verfügungsgeschäft jedoch kein Eigenschaftsirrtum i.S.v. § 119 II anhaften. Zwar sind über § 119 II Motive rechtlich relevant, da gerade der Fall des beachtlichen Motivirrtums geregelt werden soll. Dieser Ansicht nach gebietet das Abstraktionsprinzip aber eine Beschränkung auf Rechtsgeschäfte, bei denen Motiv und Zweck überhaupt eine Rolle spielen.[18]

Nach dem Abstraktionsprinzip sind dingliche Geschäfte jedoch motiv- und zweckfrei.[19]

Das Abstraktionsprinzip gebietet, auch wenn eine einzige Erklärungshandlung vorliegt, die Differenzierung von Grundgeschäft und Verfügung sowie deren getrennte rechtliche Beurteilung.[20]

Entgegen der vorherigen Betrachtungsweise wird weiter argumentiert, dass bei der Übereignung Empfänger und Sache zumeist körperlich anwesend und durch ihre Präsenz individualisiert sind.[21] Von daher können Eigenschaften der Sache, über die der Anfechtungsberechtigte verfügt hat, nicht zum Gegenstand des Verfügungsgeschäfts gemacht werden. Das Verfügungsgeschäft ist nur auf Herbeiführung der dinglichen Rechtsänderung gerichtet.[22]

Diese Ansicht führt weiter an, dass der enge Zusammenhang von Verpflichtungs- und Verfügungsgeschäft, wie im Fall, den das Reichsgericht zu entscheiden hatte, allenfalls begründet, dass sich der Verkäufer auch bei der Übereignung noch geirrt hat.[23] Die rechtliche Relevanz des Irrtums entgegen der Geltung des Abstraktionsgrundsatzes lässt sich daraus nicht ableiten.[24]

Das Abstraktionsprinzip soll die Wirksamkeit des dinglichen Geschäfts keineswegs unter allen Umständen garantieren, die weitgehende inhaltliche Abstraktheit schränkt die möglichen Unwirksamkeitsgründe aber erheblich ein.[25]

Nach dieser Meinung kann V sich bei der Übereignung nicht über eine verkehrswesentliche Eigenschaft im Irrtum befunden haben, da die Eigenschaften der Kaufsache keine Bedeutung für die Übereignung mehr haben. Da sich des Weiteren die Verkehrswesentlichkeit aus den Zwecken des betreffenden Geschäfts ergibt, können Eigenschaften

---

[18] Lindmann, S.46.
[19] Stadler, S. 179.
[20] Brox/Walker, AT, § 5 Rn. 117 ff.; Musielak, § 5 Rn. 389.
[21] Stadler, S. 178.
[22] Hübner, S. 293, Rn. 651.
[23] May, S. 41.
[24] Stadler, S. 178; Soergel-Hefermehl, § 142 Rn. 5.
[25] Haferkamp, Jura 1998, 515.

auch nicht für die Übereignung verkehrswesentlich sein.[26] Die Übereignung ist zweck- und motivfrei. Entscheidend für die Übereignung der Kommode ist nur, dass V diese übereignen wollte. Die Wichtigkeit der Eigenschaften der Kommode ergibt sich aus dem Inhalt des Kaufvertrages. Somit würde der Irrtum des V keinen Anfechtungsgrund für die Übereignung darstellen, wodurch eine Anfechtung dieser ausscheiden würde.

(c) Stellungnahme

Es ist anzunehmen, dass V, wenn er sich seines Irrtums bei der Übereignung bewusst geworden wäre, nicht übereignet hätte. Dies kann jedoch nicht für eine nachfolgende Anfechtung relevant sein.

Genau so sollte ein Meinungsstreit dargestellt werden.

1. Erste Meinung darstellen und unter dieser den Sachverhalt subsumieren.

2. Zweite Meinung darstellen und unter dieser wiederum den Sachverhalt subsumieren.

3. Ggfs. weitere Meinungen wie oben darstellen.

4. Kommen die Meinungen zu unterschiedlichen Ergebnissen, ist ein Streitentscheid zu führen.

Denn würde man dem mit der ersten Meinung folgen, würde jeder schuldrechtlich relevante Willensmangel, der noch bei der Verfügung vorhanden ist, auf eine Übereignung durchschlagen. Dies hätte jedoch zur Folge, dass das Abstraktionsprinzip ausgehöhlt werden würde. Das kann aber nicht im Interesse des Rechtsverkehrs und der Rechtssicherheit sein, da ein Dritterwerber sich über Eigentumsverhältnisse im Klaren sein muss.

Daher ist es sinnvoll, die Vorstellungen des Erklärenden, welche für den schuldrechtlichen Vertrag bestimmend waren, nicht die Wirksamkeit der Verfügung beeinflussen zu lassen, auch wenn sie tatsächlich wegen der wirtschaftlichen und inhaltliche Einheit des Vorgangs fortwirkten.

Somit ist der zuletzt dargestellten Meinung zu folgen. Die Wirksamkeit der Erklärung des V, diese Kommode an K übereignen zu wollen, wird nicht von dem Irrtum beeinflusst. Da auch kein weiterer Irrtum ersichtlich ist, bedeutet dies, dass der Übereignungserklärung des V kein rechtlich relevanter Willensmangel anhaftet. Damit scheitert jedoch auch eine Anfechtung der Übereignung der Kommode am fehlenden Anfechtungsgrund.

b) Verpflichtungs- und Verfügungsgeschäft als Geschäftseinheit nach §139

Man könnte jedoch die Übereignung als Geschäftseinheit mit dem zugrunde liegenden Verpflichtungsgeschäft, dem Kaufvertrag, betrachten. Dies würde bei Nichtigkeit des Kaufvertrages dann gemäß § 139 auch zur Vernichtung der Übereignung führen.

In Teilen der Literatur[27]und in der Rechtsprechung[28] ist anerkannt, dass auch Grund-

---

[26] Flume, S.479, § 24 2 d; Kaufmann, JW 1904, 350.
[27] Westermann, SaR, 4 III; Palandt–Heinrichs, § 139 Rn. 7.
[28] RGZ 57, 95, 96; BGHZ 31, 322, 323; BGH NJW 67, 1128, 1129.

und Erfüllungsgeschäft durch entsprechenden Parteiwillen zu einer rechtlichen Einheit zusammengefasst werden können.

Hierfür müsste jedoch in Rücksicht auf das Abstraktionsprinzip ein erkennbarer Parteiwillen bei V und K vorhanden sein. Dieses ist in dem vorliegenden Fall nicht erkennbar. Somit bleibt die Übereignung unberührt von einem etwaigen relevanten Irrtum beim Verpflichtungsgeschäft.

c) Zwischenergebnis

Die Übereignung der Kommode an K ist wirksam zustande gekommen, und kann nicht rückwirkend vernichtet werden. Somit ist K Eigentümer der Kommode geworden und handelt im Folgenden als Verfügungsberechtigter.

II. Besitz

Der Besitz darf an dieser Stelle nicht mehr geprüft werden, da schon zuvor der Anspruch abgelehnt wurde.

Aber: man hätte statt "Eigentum des V" auch Besitz des K als erstes Merkmal des § 985 prüfen können – und daran den Anspruch scheitern lassen!

III. Ergebnis

V hat sein Eigentum an der Kommode verloren und K ist aufgrund der Übergabe der Kommode an S kein Besitzer mehr; mithin scheidet ein Anspruch des V auf Herausgabe der Kommode von K nach § 985 aus.

B. Anspruch des V aus § 812 I S. 1 Alt. 1

V könnte einen Anspruch auf Herausgabe der Kommode aus § 812 I S. 1 Alt.1 haben. Dies setzt voraus, dass K etwas durch Leistung des V ohne Rechtsgrund erlangt hat.

Diesen Anspruch nennt man auch Leistungskondiktion.

I. Etwas erlangt

Etwas erlangt i.S.v. § 812 I S.1 Alt. 1 bedeutet einen Vermögensvorteil zu erhalten[29], daher müsste sich die Vermögenslage des K verbessert haben. Gegenstand der Vermögensverbesserung können zunächst alle dinglichen und persönlichen Rechte sein. Als Erlangtes kommen weiterhin sonstige vorteilhafte Rechtsstellungen in Betracht.[30]

K hat von V das Eigentum und den Besitz an der Kommode erlangt.

Da K somit durch das Eigentum ein dingliches Recht an der Kommode, sowie durch den Besitz eine vorteilhafte Rechtsstellung erhalten hat, ist seine Vermögenslage verbessert. Er hat somit etwas i.S.v. § 812 I S.1 Alt.1 erlangt.

Merke: Im Bereicherungsrecht ist immer zwischen Leistungs- und Nichtleistungskondiktionen zu unterscheiden, da erstere spezieller ist.

Wer oben den § 985 am Besitz des K scheitern lässt, muss hier die obige Prüfung des Eigentumserwerbs durch K vornehmen!

---

[29] Palandt–Thomas, § 812 Rn. 16; Staudinger-Lorenz, § 812 Rn. 65.
[30] Giesen, Jura 95, 172; Palandt-Thomas, § 812 Rn.17 ff.

II.   durch Leistung

K müsste das Eigentum und den Besitz an der Kommode durch Leistung des V erlangt haben. Leistung ist die bewusste und zweckgerichtete Vermehrung fremden Vermögens.[31] Zweckgerichtet ist die Leistung, wenn sie in Bezug zu einem Kausalgeschäft erfolgt.[32]

V wollte seiner Verpflichtung zur Übereignung aus dem Kaufvertrag nachkommen, somit ist seine Leistung bewusst und zweckgerichtet. Da das Vermögen des K durch die Übereignung vergrößert wird, ist auch eine Vermehrung fremden Vermögens vorhanden. Somit hat K etwas durch Leistung des V erlangt.

III.   ohne Rechtsgrund

Fraglich ist hingegen, ob K das Eigentum und den Besitz ohne Rechtsgrund erlangt hat. Rechtsgrund hierfür könnte der zwischen V und K abgeschlossene Kaufvertrag sein. Der Rechtsgrund fehlt dagegen, wenn der Zweck der Leistung, nämlich die Erfüllung einer Verbindlichkeit, fehlschlägt. Das ist immer dann der Fall, wenn wegen Anfechtung der Willenserklärung und damit Vernichtung des Vertrages, das zugrundeliegende Rechtsgeschäft nichtig war.[33]

1. Anfechtung des Kaufvertrages

Es bleibt also zu prüfen, ob der wirksam zustande gekommene Kaufvertrag gemäß § 142 I infolge einer Anfechtung ex tunc nichtig ist.

a)   Zulässigkeit der Anfechtung des Kaufvertrages

Der Kaufvertrag müsste ein anfechtbares Rechtsgeschäft sein. Anfechtbar sind alle Willenserklärungen, soweit nicht Sondervorschriften vorgehen.[34] Ein Kaufvertrag besteht aus den Willenserklärungen Angebot und Annahme.[35] Da beides Willenserklärungen sind, die nicht von den Sondervorschriften erfasst werden, kann V seine Willenserklärung anfechten.

b)   Anfechtungsgrund

Für die Anfechtbarkeit des Kaufvertrages müsste hier ein Anfechtungsgrund i.S.v. § 119 oder § 123 vorhanden sein.

V irrt sich bei der Abgabe seiner Willenserklärung über die Herkunft der Kommode. Somit sind seine Vorstellung und die Wirklichkeit auseinander gefallen. Dieser Irrtum könnte einen Eigenschaftsirrtum i.S.v. § 119 II darstellen. Hierfür müsste die Herkunft der Kommode eine verkehrswesentliche Eigenschaft sein.

---

[31] BGHZ 111,382, 386; MüKo–Lieb, § 812 Rn. 26; Emmerich, S. 177 § 16 Rn. 13.

[32] Larenz/Canaris SchR ,S. 132; Erman-Westermann, § 812 Rn. 12.

[33] Jauernig-Stadler, § 812 Rn. 13; Staudinger-Lorenz, § 812, Rn. 76.

[34] MüKo–Kramer, § 119 Rn. 11; Palandt-Heinrichs-Ellenberger, §119 Rn. 4 f.; BGHZ 11, 1, 5.

[35] Palandt–Heinrichs, Einf v. § 145 Rn. 4; Jauernig-Jauernig, vor § 145 Rn. 2.

(1) Eigenschaft

Eigenschaft i.S.v § 119 II ist jedes prägende Merkmal einer Sache, welches ihr aufgrund der natürlichen Beschaffenheit oder tatsächlichen bzw. rechtlichen Verhältnisse zur Umwelt unmittelbar anhaftet.[36] Es muss eine gewisse Beständigkeit aufweisen[37], sowie Einfluss auf den Wert oder die Verwendung der Sache haben.[38]

Ein prägendes Merkmal der Kommode ist, dass sie im Besitz Friedrich des Großen war. Dies stellt ein tatsächliches Verhältnis der Kommode zu ihrer Umwelt dar, welches in ihr selbst begründet ist. Weiterhin haftet dieses Merkmal der Kommode an, bis diese als solche nicht mehr existiert und ist somit von Beständigkeit.

Eigengeschichtlichkeit, Alter und Seltenheit stellen die wertbildenden Faktoren einer Antiquität dar.[39] Besonders die Eigengeschichtlichkeit einer Kommode wird wesentlich von dem Vorbesitzer beeinflusst. Der prominente Vorbesitz einer Kommode hat wesentlichen Einfluss auf den Wert der Kommode und stellt damit selbst einen wertbildenden Faktor dar.

Das Merkmal des prominenten Vorbesitzes erfüllt also alle Anforderungen einer Eigenschaft i.S.v. § 119 II. Ergo stellt das Merkmal der Kommode, dass sie aus dem Besitz Friedrich des Großen stammt, eine Eigenschaft i.S.v. § 119 II dar.

(2) Verkehrswesentlichkeit

Ob diese Eigenschaft jedoch verkehrswesentlich und damit für die Anfechtung relevant ist, ist fraglich.

Umstritten ist, ob die Verkehrswesentlichkeit objektiv, d. h. nach der Verkehrsanschauung, oder subjektiv, d. h. nach dem Vertragsinhalt, zu bestimmen ist.

(a) Subjektive Theorie

Ausgehend von der Betrachtung des Irrtums nach § 119 II als einem rein geschäftlichen Eigenschaftsirrtum, ist nach dieser Ansicht die Verkehrswesentlichkeit subjektiv zu bestimmen.[40] Der Irrtum bezieht sich nur auf die im Rechtsgeschäft vorausgesetzte Sollbeschaffenheit der Sache. Die Eigenschaft muss ausdrücklich oder stillschweigend Vertragsinhalt werden.[41]

Nach dieser Meinung soll davon jedoch alles umfasst sein, was im Hinblick auf den bestimmten Geschäftstyp als bei einem solchen Vertrag gewöhnlich gemeint und daher

---

[36] RGZ 149, 235, 238; MüKo-Kramer, § 119 Rn. 131.
[37] Palandt–Heinrichs-Ellenberger, §119, Rn. 24; BGH NJW 1979, 160, 161.
[38] Köhler, § 7 Rn. 19; BGHZ 88, 240, 245; Erman–Palm, § 119 Rn. 42.
[39] Kühn, S. 32; Picker, S.81; RGZ 64, 266, 269; RGZ 115, 286, 287; BGHZ 16, 54, 57; RGZ 124, 115, 117; Palandt–Heinrichs-Ellenberger, § 119 Rn. 27.
[40] Flume, S. 481, § 24 2 d; Medicus, AT, Rn. 770; Pawlowski, S. 251, Rn. 543.
[41] Flume, S. 477; RGZ 64, 266, 269; BGHZ 16, 54, 57; BGHZ 88, 240, 240.

als miterklärt anzusehen ist.[42] Es ist daher ausreichend, wenn die betreffende Eigenschaft bei dem entsprechenden Rechtsgeschäft üblicher Weise erwartet wird.

V verkaufte eine Renaissance-Kommode an K. Dabei war V der Auffassung, dass die Kommode aus dem Besitz der Familie Humboldt stammt. Eine ausdrückliche Erklärung des V ist dem Sachverhalt jedoch nicht zu entnehmen. Es kann aber erwartet werden, dass gewöhnlich bei einer Willenserklärung im Rahmen eines Antiquitätenkaufs alle Eigenschaften, die der Antiquität anhaften und sie von „normalen" Gebrauchsgegenständen besonders unterscheiden, mitgemeint sind. Da K bei einem Antiquitätenhändler die Kommode erwirbt, muss er auch davon ausgehen, dass auf die Herkunft der Kommode besonderen Wert gelegt wird.

Somit gelangt man zu dem Ergebnis, dass die Eigenschaft der Herkunft der Kommode auf Grund des Geschäftstyps Vertragsinhalt im Sinne dieser Theorie geworden ist. Damit ist der Irrtum des V nach dieser Ansicht einer über eine verkehrswesentliche Eigenschaft.

(b) Objektive Theorie

Nach einer anderen Auffassung ist die Verkehrswesentlichkeit objektiv zu bestimmen. Dann sind Eigenschaften schon verkehrswesentlich, wenn nach der Verkehrsauffassung auf diese beim Abschluss des Geschäfts besonderes Interesse gelegt wird.[43] Es muss sich um einen Irrtum handeln, der den Entschluss zur Abgabe einer Willenserklärung beeinflusst hat. Die irrige Vorstellung muss dem Vertragspartner nicht bekannt gewesen sein.[44]

Bei einem Antiquitätenkauf, wo ein erhöhter Preis für eine Sache verlangt wird, liegt dem Verkehr nach ein besonderes Gewicht auf den Eigenschaften, die den höheren Preis legitimieren. Die Eigengeschichtlichkeit, die den Irrtum des V hervorrief ist, ist ein wertbildender Faktor einer Antiquität. Somit ist davon auszugehen, dass beim Antiquitätenkauf nach der Verkehrsauffassung auf diese auch ein besonderes Interesse gelegt wird.

Mithin ist die Herkunft der Kommode auch objektiv verkehrswesentlich.

(c) Zwischenergebnis

Sowohl subjektiv als auch objektiv ist von der Verkehrswesentlichkeit dieser Eigenschaft auszugehen. V irrt sich bei der Abgabe seiner Erklärung über eine verkehrswesentliche Eigenschaft i.S.v. § 119 II. Ein Anfechtungsgrund liegt somit vor.

---

[42] Flume, S. 479, § 24, 2 c; vgl. auch Staudinger–Singer, § 119 Rn. 80.
[43] Larenz/Wolf AT, S. 662 f., § 36 Rn. 42/43; Bähr, S.101; Hübner, S. 346, Rn. 790.
[44] Larenz/Wolf, AT, S. 663, § 36 Rn. 45; Erman–Palm, § 119 Rn. 43.

c) Kausalität des Irrtums

Der Irrtum müsste gemäß § 119 I für die Abgabe der Willenserklärung kausal gewesen sein. Kausal ist ein Irrtum nur dann, wenn anzunehmen ist, dass der Irrende die Erklärung bei Kenntnis der Sachlage und verständiger Würdigung des Falles nicht abgegeben hätte.[45]

Die Kausalität des Irrtums ist häufig unproblematisch und kann regelmäßig sehr kurz geprüft werden.

Das heißt, V dürfte die Willenserklärung bei Kenntnis der wirklichen Herkunft nicht so abgegeben haben. Da er Antiquitätenhändler ist, kann davon ausgegangen werden, dass er den Wertunterschied erkannt hätte. Aufgrund des Wertunterschiedes hätte V die Kommode nicht zu diesen Bedingungen verkauft. Dies wird besonders an seiner Reaktion nach Erkennung des Irrtums ersichtlich. Daher hätte er seine Willenserklärung zum Kauf so nicht abgegeben. Somit war diese Eigenschaft auch für den Abschluss des Kaufvertrages von Bedeutung. Der Irrtum ist kausal.

Lediglich bei Problemen sollte man auf diesen Punkt verstärkt eingehen.

d) Anfechtungserklärung

Gemäß § 143 I müsste die Anfechtung durch Erklärung gegenüber dem Anfechtungsgegner erfolgen.

Die Anfechtungserklärung ist eine formfreie empfangsbedürftige Willenserklärung.[46] Sie muss erkennen lassen, dass der Anfechtungsberechtigte das Geschäft wegen eines Willensmangels nicht gelten lassen will.[47] Das Wort Anfechtung muss nicht fallen. Die Rückforderung des Geleisteten kann genügen.[48]

Das Herausverlangen der Kommode von V ist daher nach § 133 als Anfechtungserklärung auszulegen. V ist Anfechtungsberechtigter, da er dem Irrtum unterlag. Die Anfechtungserklärung ist auch gegenüber K erklärt und ihm i.S.v. § 130 I zugegangen, somit liegt eine gültige Anfechtungserklärung vor.

e) Anfechtungsfrist

Die Anfechtung des Kaufvertrages müsste in der vorgegebenen Frist erklärt worden sein.

Beachte: Für die Anfechtung gibt es besondere Ausschlussfristen, nämlich in den §§ 121, 124!

Bei einer Anfechtung nach § 119 II bemisst sich die Anfechtungsfrist nach § 121. Hiernach müsste die Erklärung ohne schuldhaftes Zögern erfolgen, d.h. sobald der Erklärende nach Entdeckung des Irrtums und den nötigen Überlegungen zumutbarerweise anfechten konnte.[49]

---

[45] MüKo-Kramer, § 119 Rn. 138; RGZ 62, 201, 206.
[46] Palandt–Heinrichs, § 143 Rn.2; MüKo-Busche, §143 Rn. 4.
[47] BGHZ 88, 240, 245; Erman-Palm, § 143 Rn. 1.
[48] Kropholler, §143 Rn. 1; Jauernig-Jauernig, § 143 Rn. 2.
[49] Medicus, AT, § 48 Rn. 774; Brox/Walker, AT,§ 18 Rn. 435.

V entdeckt seinen Irrtum zwar erst nach über einem Jahr, jedoch ficht er dann sofort an, so dass kein schuldhaftes Zögern vorhanden ist. Die Anfechtungsfrist ist gewahrt.

f) Zwischenergebnis

Alle Voraussetzungen einer wirksamen Anfechtung nach § 119 II liegen vor. Die Anfechtung würde den Kaufvertrag ex tunc vernichten; somit wäre der vorhandene Rechtsgrund rückwirkend weggefallen. Der Einwand des K der Irrtum des V sei unbeachtlich, ist folglich falsch.

Die Rechtsfolgen einer Anfechtung beinhalten aber auch gem. § 122 die Verpflichtung zum Ersatz des Vertrauensschadens gegenüber dem Anfechtungsgegner. Der Vertrauensschaden umfasst den Schaden, der durch das Vertrauen auf die Gültigkeit des Vertrages entstanden ist. Folglich müsste K einen Schaden erlitten haben, indem er auf die Gültigkeit des Kaufvertrages vertraut hat. K hat den Kaufvertrag im Vertrauen auf seine Gültigkeit durch die Zahlung des Kaufpreises erfüllt, weiterhin hat er ein Gutachten über die Kommode erstellen lassen. Somit stellen der gezahlte Kaufpreis und die Kosten für das Gutachten einen Vertrauensschaden dar, den V bei einer gültigen Anfechtung zahlen müsste.

2. Ausschluss des Anfechtungsrechts

a) Ausschluss durch die §§ 437ff.

Das vorliegende Anfechtungsrecht des V könnte jedoch durch die spezialgesetzlichen Bestimmungen der Gewährleistungsvorschriften nach den §§ 437 ff. ausgeschlossen sein.

Die Anfechtung nach § 119 II (bzgl. Sacheigenschaften) durch den Käufer wird hingegen nach Gefahrübergang durch § 437 verdrängt.

Zwar besteht zwischen den Sachmängelansprüchen und dem Anfechtungsrecht des Verkäufers nach § 119 II keine Konkurrenz, da dem Verkäufer Gewährleistungsansprüche nie zu stehen,[50] dennoch bedeutet dies nicht, dass der Verkäufer stets vom Anfechtungsrecht nach § 119 II Gebrauch machen könne. Dem Verkäufer ist ein Anfechtungsrecht nach § 119 II nach dem Gedanken des Rechtsmissbrauchs verwehrt, wenn er sich unter Inkaufnahme des Schadensersatzanspruches aus § 122 den gesetzlich angeordneten Gewährleistungsansprüchen entzöge.[51]

Die Anfechtung nach § 119 I und § 123 besteht dagegen für den Käufer auch in Sachmängelfällen weiterhin!

Daraus folgt, dass V anfechten könnte, wenn gegen ihn keine Gewährleistungsansprüche erhoben werden können. Gewährleistungsansprüche aus § 437 entstehen, wenn der gelieferten Sache ein Mangel anhaftet.

---

[50] Staudinger–Singer, § 119 Rn. 93; BGH NJW 1988, 2597, 2598.
[51] Soergel-Hefermehl, § 119 Rn. 80; MüKo–Westermann, § 437 Rn. 55; Esser/Weyers, S.68, § 6 I 4; Raape, AcP 150, 504.

Das Vorliegen eines Rechtsmangels i.S.v. § 435 ist nicht ersichtlich.

Die gelieferte Kommode könnte jedoch mit einem Sachmangel i.S.v. § 434 I S. 1 behaftet sein. Hiernach ist eine Sache mangelhaft, wenn ihr zum Zeitpunkt des Gefahrenübergangs die vereinbarte Beschaffenheit fehlt. Vorrangig ist bezüglich der Beschaffenheit auf die vertragliche Vereinbarung abzustellen (subjektiver Mangelbegriff), subsidiär kommt es auf objektive Kriterien an (§§ 434 I S. 2 Nr. 1 und 2).

(1) Vertraglich vereinbarte Beschaffenheit (§ 434 I S.1)

Der Begriff der Beschaffenheit ist mit dem tatsächlichen Zustand der Sache gleichzusetzen. Das umfasst die der Sache anhaftenden Eigenschaften.[52] Vereinbart ist diese Beschaffenheit, wenn der Inhalt des Kaufvertrages von vornherein oder nachträglich (§ 311 I) die Pflicht des Verkäufers bestimmt, die gekaufte Sache in dem Zustand zu übereignen oder zu übergeben, wie ihre Beschaffenheit im Vertrag festgelegt ist.[53]

V und K haben zu keinem Augenblick über die Herkunft der Kommode gesprochen. Vielmehr kaufte K die Kommode und ließ sie erst im Nachhinein untersuchen, um ihre Herkunft feststellen zu lassen. Eine vertragliche Vereinbarung liegt damit nicht vor.

(2) Fehlende Eignung zur vertraglich vorausgesetzten Verwendung (§ 434 I S. 2 Nr. 1)

Dies setzt voraus, dass für den Verkäufer beim Vertragsschluss erkennbar war, dass der Käufer die Sache in einer bestimmten Weise verwenden will.[54] Die Parteien werden bei dem Kauf der Kommode von einer Verwendung zu den typischen Zwecken eines solchen Möbelstücks ausgegangen sein. Des Weiteren gingen sie von einer Verwendung als antikes Möbelstück aus, dem zumindest ein gewisser antiquarischer Wert zukommt.

Einen Sachmangel könnte die Tatsache darstellen, dass die Kommode von einem anderen Vorbesitzer stammt. Hierfür müsste dieses den Gebrauch oder den Wert der Kommode gemindert haben. Der Wert der Kommode hat sich durch die Tatsache, dass sie von Friedrich dem Großen stammt sogar erhöht. Auch ist der Gebrauch als Gebrauchsgegenstand nicht von dem Irrtum beeinflusst. Die Gebrauchsfähigkeit als Antiquität ist jedoch auch nicht eingeschränkt. Man kann sogar von einer Erhöhung derselben ausgehen, da die Repräsentationsfunktion der Kommode erhöht ist, so dass weder der Gebrauch noch der Wert der Kommode gemindert sind, sondern diese sich sogar erhöht haben.

---

[52] Erman-Grunewald, § 434 Rn. 2; Palandt-Weidenkaff, § 434 Rn. 9.
[53] Palandt-Weidenkaff, § 434 Rn. 15; Jauernig-Berger, § 434 Rn. 9; Schulze/Ebers, JuS 2004, 462, 463.
[54] Palandt-Weidenkaff, § 434 Rn. 21; Grigoleit/Herresthal, JZ 2003, 233, 234 f.

(3) Fehlende Eignung zur gewöhnlichen Verwendung (§ 434 I S. 2 Nr. 2)

Diese Ausführungen dienen der Erklärung, da diese Vorschrift nur anwendbar ist, wenn weder eine Beschaffenheitsvereinbarung, noch eine vertraglich vorausgesetzte Verwendung vorliegt.

Nr. 2 ist nämlich als Auffangtatbestand geschaffen worden und daher subsidiär.

Die gewöhnliche Verwendung ist nach objektiven Kriterien zu bemessen.[55] Sie ist objektiv aus der Art der Sache abzuleiten und aus den Verkehrskreisen, denen der Käufer angehört.

Die Kommode ist als solche zu gebrauchen. Sie stellt ebenfalls eine Antiquität dar, deren Wert sogar über den von K gezahlten Preis weit hinausgeht. Aus diesem Grund liegt auch hiernach kein Sachmangel vor.

Somit können gegen V keine Gewährleistungsansprüche erhoben werden, denen er sich durch eine Anfechtung nach § 119 II entziehen könnte. Damit stehen die Gewährleistungsvorschriften einer Anfechtung auch nicht entgegen.

b) Ausschluss durch Störung der Geschäftsgrundlage

Ein Ausschluss des Anfechtungsrechts könnte sich auch durch eine Störung der Geschäftsgrundlage gem. § 313 aufgrund beiderseitigen Irrtums ergeben.

Die Störung der Geschäftsgrundlage war vor der Schuldrechtreform 2002 gesetzlich nicht geregelt. Jedoch war ihre Existenz nie umstritten; denn schon vor der Schuldrechtreform wurde sie aus dem Rechtsgedanken des § 242 „geformt" und Wegfall der Geschäftsgrundlage (=WGG) genannt.

Die h.M.[56] geht entgegen einer weiteren Ansicht[57] davon aus, dass § 119 II nur den einseitigen Irrtum regelt und für den Fall des beiderseitigen Irrtums die Grundsätze der Störung der Geschäftsgrundlage eingreifen.

Hierfür müsste aber auch bei K ein Irrtum vorliegen. Ein Irrtum ist ein Auseinanderfallen von Vorstellungen und Wirklichkeit.[58]

Im Sachverhalt ist nicht ersichtlich, dass K Vorstellungen bezüglich des Vorbesitzes der Kommode hat. Da V seine Vorstellung nicht äußerte, muss davon ausgegangen werden, dass die Vorstellungen des K sich nur auf die Herkunftsepoche der Renaissance bezogen. Wenn jedoch keine Vorstellungen hinsichtlich des Vorbesitzes vorhanden sind, so kann auch keine Abweichung von der Wirklichkeit vorhanden sein. Somit ist ein Doppelirrtum, der der Anfechtung entgegenstehen könnte, nicht vorhanden.

---

[55] Brox/Walker, SchuldR BT, S. 34, § 4 Rn. 13.
[56] BGH NJW 1986, 1349; Larenz/Wolf, AT, S. 698, § 38, Rn. 5; Soergel–Hefermehl, § 119 Rn. 66; Staudinger-Dilcher, § 119 Rn. 5; MüKo-Roth, § 313 Rn. 138.
[57] Medicus, AT, Rn. 778; Hübner, S. 350/351, Rn. 806/ 807.
[58] Jauernig-Jauernig, § 119 Rn. 1; Soergel-Hefermehl, § 119 Rn. 32.

IV. Ergebnis

Dem Anfechtungsrecht des V stehen keine Einwände entgegen. Somit ist durch die wirksame Anfechtung des Kaufvertrages dieser rückwirkend gemäß § 142 I vernichtet, so dass die Übereignung der Kommode ohne Rechtsgrund erfolgt ist. Somit sind alle Voraussetzungen des § 812 I S.1 Alt.1 erfüllt. K ist ungerechtfertigt bereichert. V hat einen Anspruch auf Herausgabe des Erlangten gegen K.

Die Herausgabepflicht erstreckt sich vorrangig auf das primär Erlangte.[59] Das primär Erlangte wäre hier das Eigentum und der Besitz an der Kommode. K hat die Kommode jedoch wirksam an Sothebey's[60] weiterveräußert und übereignet. Folglich ist S Eigentümer und Besitzer der Kommode geworden. Damit kann V jedoch nicht von K das Eigentum und den Besitz an der Kommode herausverlangen.

Ein Anspruch des V auf Herausgabe der Kommode aus § 812 I S.1 Alt.1 von K scheidet also auch aus. Ein Herausgabeanspruch aus § 812 I S.1 Alt. bleibt jedoch bestehen. Der Umfang dieses Anspruchs wird durch § 818 bestimmt.

2. Frage

A. Anspruch auf Surrogate nach § 818 I i.V.m. § 812 I S.1 Alt.1

V könnte einen Anspruch gegen K auf Herausgabe von Surrogaten aus § 818 I i.V.m. § 812 I S.1 Alt.1 besitzen. Hierfür müsste K ein Surrogat für die Kommode erlangt haben. Ein Surrogat nach § 818 I ist ein etwaiger Ersatz, den der Empfänger für die Zerstörung, Beschädigung oder Entziehung des erlangten Gegenstands erwirbt.[61]

K hat die Kommode an S weiterveräußert und für die Kommode einen Kaufpreis erhalten. Dieser Verkaufserlös könnte ein Surrogat i.S.v. § 818 I darstellen. Zwar ist das in anderen Surrogatsnormen mitgenannte rechtsgeschäftliche Surrogat hier nicht erwähnt, die Formulierung in § 818 I könnte sich jedoch als unvollkommen auffassen lassen und deshalb im Wege der Auslegung alle Surrogate in die Bereicherung mit einbeziehen.[62]

Dagegen spricht, dass § 818 I nicht überbewertet werden darf. Normen mit denen die Rechtsordnung auch rechtsgeschäftliche Surrogate erfassen will, nennen dies explizit.[63] Des weiteren würde die Lösung über § 818 I für den Gläubiger zu Unerträglichkeiten führen, wenn der Schuldner die rechtsgrundlos erlangte Sache gegen eine andere einge-

Diese Ausführungen dienen der Erläuterung.

Das Ergebnis ergibt sich nämlich gerade aus dem Vorhandensein der Sonderregelung des § 818 II.

---

[59] Palandt–Sprau, § 818 Rn. 5; Staudinger–Lorenz, § 818 Rn. 3.
[60] Im folgenden mit S bezeichnet.
[61] MüKo–Lieb, § 818 Rn. 3; Brox/Walker, SchuldR BT, S. 461 f., § 39 Rn. 4.
[62] Esser/Weyers, SchR., S. 491.
[63] Giesen, Jura 95, 269, 281; BGHZ 24, 106, 110 f.; Gursky, Jus 90, 645, 649; Martis, S. 57; Palandt–Sprau, § 818 Rn. 14; Staudinger-Lorenz, § 818 Rn. 17.

tauscht hat, da hier anders als bei § 285 kein Wahlrecht zwischen Gegenstandskondiktion und Wertersatz möglich ist. Ergo müsste der Gläubiger den Tauschgegenstand, mit dem er unter Umständen nichts anfangen kann, erhalten.

Somit kann nicht im Wege der Auslegung das rechtsgeschäftliche Surrogat in § 818 I miteinbezogen werden.[64]

Daher stellt der Verkaufserlös der Kommode kein Surrogat dar. Damit kann V den Erlös auch nicht aus § 818 I i.V.m. § 812 I S.1 Alt. 1 von K herausverlangen.

B. Anspruch auf Wertersatz nach § 818 II i.V.m. § 812 I S.1 Alt.1

V könnte einen Anspruch auf Ersatz des Wertes der Kommode gegen K aus § 818 II i.V.m. § 812 I S.1 Alt.1 besitzen.

Hierfür müsste bei K zumindest subjektive Unmöglichkeit der Herausgabe des primär Erlangten vorliegen. Außerdem dürfte K nicht i.S.v. § 818 III entreichert sein.

I. Unmöglichkeit

Die subjektive Unmöglichkeit liegt vor, wenn lediglich der Schuldner an dem Erbringen der Leistung gehindert ist, während einem Dritten das Erbringen möglich wäre.[65] Daher ist eine subjektive Unmöglichkeit zur Herausgabe bereits bei einer entgeltlichen Veräußerung des Erlangten vorhanden.[66]

K veräußert die Kommode an S weiter. Dem Sachverhalt ist zu entnehmen, dass S Eigentümer und Besitzer der Kommode geworden ist. Somit hat K jegliche Herrschaftsmacht über die Kommode verloren.

Daher liegt eine subjektive Unmöglichkeit vor, durch welche K i.S.d. § 818 II außerstande ist, die Kommode zurück zu übereignen. Somit muss K nach § 818 II i.V.m. § 812 I S.1 Alt. 1 den Wert der Kommode an V herausgeben.

II. Entreicherung

K könnte jedoch von der Pflicht zum Wertersatz befreit werden, wenn er i.S.v. § 818 III entreichert wäre. Hierfür dürfte der erlangte Verkaufserlös sich nicht mehr im Vermögen des V befinden. Hierfür sind jedoch keine Anhaltspunkte im Sachverhalt zu erkennen. Somit gilt K nicht als entreichert und ist verpflichtet, den Wert der Kommode an V herauszugeben.

---

[64] BGHZ 24, 106, 111; Jauernig-Stadler, § 818 Rn. 11.
[65] Brox/Walker, SchuldR AT, § 22 I, Rn. 7; Hirsch, SchuldR, S.183, Rn. 439.
[66] BGHZ 24, 106, 110; BGHZ 75, 204, 206; Erman–Westermann-Buck-Heeb, § 818 Rn. 15.

III.   Bestimmung des Wertes

Fraglich ist jedoch, ob sich § 818 II auf den subjektiven Wert, d.h. den Verkaufserlös, oder auf den objektiven Wert, d.h. den Verkehrswert, bezieht.

Für eine subjektive Wertbestimmung spricht, dass es andernfalls eine grob unbillige Risikoverteilung wäre. Den Gläubiger träfe das volle Verlustrisiko aus einer etwaigen Verlustveräußerung, die Gewinnchance bliebe ihm jedoch vorenthalten.[67]

Die h. M. wendet dagegen ein, dass der Schuldner einen über den Marktwert hinausgehenden Gewinn behalten dürfe, weil mehr als der objektive Marktwert nicht auf Kosten des Veräußerers verlangt werden könne. Ein darüber hinausgehender Gewinn sei regelmäßig in dem Geschick des Schuldners begründet und über das Abschöpfen einer Vermögensmehrung als solcher nach § 818 I und § 818 III, IV und § 819 zu entscheiden. Das Bewertungsobjekt wäre somit isoliert das Erlangte, während die Auswirkung dieses Erwerbs im Vermögen des Empfängers überhaupt erst durch § 818 III angesprochen wird.[68] Jedoch kann der Sinn des § 818 II auch darin gesehen werden, dem Bereicherten alle Vorteile, die er aus der Bereicherung erlangt hat, wieder zu nehmen.

Der Streit verliert an Relevanz, wenn der objektive Wert gleich dem subjektiven ist. Dies kann für den vorliegenden Fall bejaht werden. K verkauft die Kommode nach ihrer Untersuchung und in Kenntnis ihres Wertes an S für EUR 250.000,--. Es ist davon auszugehen, dass dies auch den objektiven Wert darstellt, da gerade Auktionshäuser wie S wesentlich den Marktwert bestimmen. Da es sich bei Antiquitäten um einmalige Gegenstände handelt, kann auch kein Vergleichswert herangezogen werden. Folglich muss der objektive Wert am Markt ermittelt werden.[69]

Da aus dem Sachverhalt nicht ersichtlich ist, dass der Wert sich in der Zwischenzeit verändert hat, verliert der Zeitpunkt der Wertermittlung an Bedeutung.

Somit beträgt der Wert der Kommode EUR 250.000,--, die K dem V nach § 818 II i.V.m. 812 I S. 1 Alt. 1 herauszugeben verpflichtet ist.

---

[67] Koppensteiner/Kramer, S. 158; Wieling, BeR, § 5 I 3a; Erman–Westermann-Buck-Heeb, § 818 Rn. 18.

[68] Larenz/Canaris, SchR II/2 BT, S. 276, § 72 III 2 d; Medicus, SchR II BT, S.254, Rn. 678; Fikentscher, SchR, S. 717, Rn. 1167; Palandt-Sprau, § 818 Rn. 19; Staudinger–Lorenz, § 818 Rn. 27; RGZ 101, 389, 391; BGHZ 82, 299, 307; BGHZ 112, 288, 294.

[69] Larenz/Canaris, III § 72, 3 a, S. 277; RGZ 138, 45; (47); BGH WM 1975, 1179.

IV. Endergebnis

Da K außerstande ist die Kommode zurück zu übereignen und er nicht entreichert ist, hat V einen Anspruch gegen K auf Wertersatz in Höhe von EUR 250.000,-- aus § 818 II i.V.m. § 812 I S.1 Alt. 1.

Da V die ursprüngliche Kaufpreissumme des K auch ohne Rechtsgrund erhalten hat, ist er dem K somit auch zur Rückübereignung der EUR 60.000,-- verpflichtet. Diesen Anspruch kann K wahlweise aus § 122 oder § 812 I S.1 Alt.1 geltend machen. Des Weiteren steht ihm ein Anspruch aus § 122 auf Schadensersatz zu.

Nach h.M[70] wird die Rückabwicklung derart vorgenommen, dass bei gleichartigen Ansprüchen der Schuldner die dem Bereicherungsgläubiger erbrachte Gegenleistung verrechnet.

- Ende der Bearbeitung –

---

[70] RGZ 94, 253; 254 f.; BGHZ 1, 75, 81; BGH NJW 1988, 3011, 3011; Erman-Westermann-Buck-Heeb, § 818 Rn. 47; Palandt-Thomas, § 818 Rn. 50; Koppensteiner/Kramer, S.130; Fikentscher, S. 719, Rn. 1172.

Hausarbeit 4

Sachverhalt

Landwirt L ist Ökobauer mit zwei Angestellten. Wie jedes Jahr beabsichtigt er, seine Produkte auf der regionalen Wirtschaftsschau „WISA" auszustellen. Sein Sohn S, Student der Agrarwissenschaften im 4. Semester, hilft dann und wann, insbesondere zu „WISA" – Zeiten, auf dem Hof des L aus. Er bittet L, dieses Jahr erstmalig selbständig an der Konzeption des „WISA" – Standes mitwirken zu dürfen und nicht nur, wie in den vergangenen Jahren, als Aushilfskraft oder zu Springerdiensten herangezogen zu werden. L lehnt dies ab. Über eine eigenverantwortliche Mitarbeit des S könne man allenfalls in zwei Jahren sprechen. Bis dahin bleibe alles beim Alten.

S wendet sich daraufhin an den für die „WISA" – Planung und –Organisation zuständigen Angestellten A, der bereits von L über die Ambitionen des S informiert und angehalten wurde, sich auf keine Diskussion einzulassen. A, der aufgrund anderer Arbeiten stark überlastet ist und dringend Unterstützung bei der „WISA" – Planung benötigt, beurteilt die Fähigkeiten des S anders. S habe gerade bei der letzten „WISA" sehr gute Arbeit geleistet und daher eine Chance verdient. A lässt dem S „freie Hand".

S widmet sich daraufhin besonders der Ausgestaltung des „WISA" – Standes. Er telefoniert mit V, einem Blumengroßhändler und langjährigen Geschäftspartner des L, und möchte drei etwa 2m hohe Zimmerpalmen bestellen, die, wie er ausdrücklich erklärt, der Ausstattung ihres Standes auf der „WISA" dienen sollen. V wundert sich zwar, dass er nicht wie üblich mit A verhandelt. Da ihm jedoch die familiäre Beziehung zwischen L und S bekannt ist, und er weiß, dass S stets, wenn auch bisher nur zu reinen Hilfstätigkeiten, in „WISA" – Zeiten eingespannt wurde, bietet er dem S drei Zimmerpalmen zum Stückpreis von 198,- EUR an. S befürchtet, Ärger mit seinem Vater zu bekommen und fragt, ob man nicht noch einmal über den Preis reden könne. Schließlich seien V und L doch „alte Freunde". V überlegt einen Moment und erklärt dann, dass unter 150,- EUR pro Stück aber nichts zu machen sei. S hält das für ein gutes Geschäft und antwortet nur: „Gemacht!". Kurz vor Beginn der „WISA" ruft V bei L an, um Einzelheiten der Anlieferung zu besprechen. L reagiert empört. Da sein Sohn eigenmächtig hinter seinem Rücken gehandelt habe, habe er mit der zweiten Bestellung nichts zu tun. Im Übrigen könne er Zimmerpalmen nicht mehr sehen. Zumindest jeder zweite „WISA" – Stand sei mit derartigem Gestrüpp übersät. V ist hingegen der Ansicht, L sei in jedem Fall verpflichtet, den vereinbarten Kaufpreis zu zahlen, wenn er die Ware anliefere.
Zu Recht?

Abwandlung

Der von V beauftragte Frachtführer liefert die Palmen einige Tage vor Beginn der „WISA" bei L an. Dieser lehnt die Annahme aus obigen Gründen ab. V erhält die Palmen zurück, kann sie jetzt aber nur noch zum Einkaufspreis von 100,- EUR pro Stück verkaufen. V verlangt Schadensersatz zumindest in Höhe von 75,- EUR für die von ihm nutzlos aufgewendeten Kosten der Anlieferung der Pflanzen durch F. Ursprünglich, so macht V weiterhin geltend, hätte er die Palmen mühelos zum Ladenpreis von 198,- EUR pro Stück an einen Dritten verkaufen können. Sein Anwalt rät ihm, S in Anspruch zu nehmen. S wendet ein, für die Wertminderung der Pflanzen könne er nichts. Er sei in bezug auf seine Berechtigung zur Geschäftsführung in gutem Glauben gewesen. Auch hätte V bei L nachfragen müssen, ob alles in Ordnung gehe. Er habe schließlich nie zuvor mit ihm (S) persönlich verhandelt.

Kann V von S Schadensersatz verlangen?

Inhaltsverzeichnis

Gutachten

A. Anspruch des V gegen L auf Zahlung von 450 EUR gem. § 433 II BGB[1]

V könnte gegen L einen Anspruch auf Zahlung von 450 EUR gem. § 433 II haben.

I. Anspruch entstanden

Der Anspruch müsste zunächst entstanden sein.

Das setzt voraus, dass ein wirksamer Kaufvertrag gem. § 433 zwischen V und L zustande gekommen ist. Ein Kaufvertrag ist ein zweiseitiges Rechtsgeschäft, das durch übereinstimmende gegenseitige Willenserklärungen, Angebot und Annahme, zustande kommt.[2]

1. Angebot

a) Angebot des L

Fraglich ist, ob ein Angebot des L gegenüber dem V vorliegt.

Das Angebot ist eine empfangsbedürftige Willenserklärung, durch die der Vertragsschluss einem anderen so angetragen wird, dass nur von dessen Einverständnis das Zustandekommen des Vertrages abhängt.[3] Insbesondere müssen bei einem Angebot Angaben über den Kaufgegenstand und über den Kaufpreis enthalten sein.[4]

Definition eines Angebots!

Diese Aufsplittung scheint vielleicht kleinkariert, ist aber auf jeden Fall erforderlich, um den genauen Hergang darstellen zu können!

S bestellt bei L die drei Zimmerpalmen. L tritt also nicht selbst mit V in Verbindung.

Somit liegt kein Angebot des L gegenüber dem V vor.

b) Angebot des A stellvertretend für L

In Frage käme ein Angebot des A als Stellvertreter des L. Auch der A tritt nicht persönlich mit V in Kontakt. Somit gibt auch er kein Angebot ab.

c) Angebot des S

Möglich wäre, dass die Anfrage des S nach drei ca. 2 Meter hohen Zimmerpalmen ein Angebot darstellt.

---

[1] Soweit nicht anders gekennzeichnet, sind Paragraphen solche des BGB.
[2] Brehm, BGB AT, Rn. 105.
[3] Brox/Walker, BGB AT, § 8 Rn. 165; Kropholler, § 145 Rn. 1.
[4] Larenz, BGB AT, §27 I; Palandt-Heinrichs, Einf v 145 Rn. 3.

In diesem Fall müsste S Angaben über den konkreten Kaufgegenstand und über den festgelegten Kaufpreis abgeben. Zwar steht hier der konkrete Kaufgegenstand, drei 2 Meter hohe Zimmerpalmen fest, jedoch sind keine Angaben über den Kaufpreis gegeben. Bei der Anfrage des S handelt es sich somit nicht um ein Angebot. S fordert vielmehr den V zur Abgabe eines Angebotes auf, was man eine „invitatio ad offerendum" nennt[5].

d) Angebot des V

Nunmehr könnte V durch die Angabe des Kaufpreises in Höhe von 198,- EUR je Palme ein Angebot an den S abgegeben haben. Seine Angabe enthält sowohl den konkreten Kaufgegenstand als auch den Kaufpreis. Dies alles müsste nun eine Willenserklärung des V darstellen, die auf den Abschluss eines Vertrages gerichtet ist.

Eine Willenserklärung ist die Äußerung eines auf einen Rechtserfolg gerichteten Willens. Sie besteht aus dem inneren Willen und der Äußerung dieses Willens. Für die Bewirkung eines Rechtserfolges ist jedoch lediglich die Willensäußerung relevant.[6] Eine Willensäußerung setzt sich aus dem Handlungs- Erklärungs- und Geschäftswillen zusammen.[7] V bietet dem S drei Zimmerpalmen zum Stückpreis von 198,- EUR an. Hier lassen sich sowohl Handlungs-, Erklärungs- als auch Geschäftswillen in der Äußerung des V erkennen.

Somit liegt also ein wirksames Angebot des V zum Abschluss eines Kaufvertrages über drei Zimmerpalmen vor.

2. Annahme des Angebots durch S

Damit ein wirksamer Kaufvertrag zustande kommt müsste S nun das Angebot des V angenommen haben. Eine Annahme ist eine grundsätzlich empfangsbedürftige Willenserklärung, durch die der Antragsempfänger dem Antraggeber sein Einverständnis mit dem angebotenen Vertragsschluss zu verstehen gibt.[8]

S bittet den V hier jedoch um eine Kaufpreissenkung. Dies kommt dem Verweigern der Annahme des Angebots zum Kaufpreis für 198,- EUR. Somit liegt keine Annahme vor.

---

[5] Medicus, BGB AT, Rn. 358; Hübner, BGB AT, Rn. 996.
[6] Brox/Walker, BGB AT, § 4 Rn. 83; Hübner, BGB AT, Rn. 663.
[7] Köhler, BGB AT, § 6 Rn. 3; Hübner, BGB AT, Rn. 666.
[8] Brox/Walker, BGB AT, § 8 Rn. 176; Kropholler, § 147 Rn. 1.

3. Zweites Angebot des V

V bietet dem S die Palmen nun zum Stückpreis von 150 EUR an. Hiermit könnte nun ein erneutes Angebot zum Abschluss eines Kaufvertrages gemäß § 433 vorliegen.

Durch das Anbieten für 150,- EUR pro Stück könnte ein neues Angebot des V vorliegen.

V gibt hier eine auf einen Rechtserfolg, den Kaufvertrag, gerichtete Willenserklärung ab, die dem S so angetragen wird, dass nur noch von dessen Einverständnis der Vertragsabschluss abhängt. Die Willenserklärung des V enthält sowohl Angaben über den Kaufgegenstand als auch über den Kaufpreis. Es liegt somit ein wirksames Angebot des V zum Abschluss eines Kaufvertrages über drei Zimmerpalmen zum Stückpreis von je 150 EUR vor.

4. Annahme des zweiten Angebots durch S

S müsste nun das zweite Angebot des V zum Kauf der drei Palmen zum Stückpreis von 150 EUR angenommen haben.

Annahme des S: Ja! Aber wirkt die auch für und gegen den „Vertretenen" L?

In der Äußerung des S „gemacht" könnte eine Annahme des Angebots des V gesehen werden. Die Antwort des S ist hier konkludent als Annahme des Angebots zum Abschluss des Kaufvertrages zu verstehen. Es liegt somit eine wirksame Annahme vor.

5. Annahme des S stellvertretend für L

Fraglich ist weiterhin, inwieweit eine wirksame Annahme des S für und gegen L wirkt.

Zur Stellvertretung im Übrigen sehr empfehlenswert: Monhemius, Grundprinzipien der Stellvertretung, JA 1998, 378 ff. Im Folgenden ist der Aufbau einer Stellvertretungsprüfung dargestellt.

Damit diese Wirkung eintritt, müsste S zur wirksamen Stellvertretung des L gemäß §§ 164 ff. befugt sein.

a) Eigene Willenserklärung

Die Voraussetzung einer wirksamen Stellvertretung ist zunächst, dass der Vertreter, hier der S, eine eigene Willenserklärung abgibt. S erklärt dem V gegenüber, er nehme das Angebot an. Folglich liegt eine eigene Willenserklärung vor.

b) In fremdem Namen

Eine wirksame Stellvertretung setzt voraus, dass die abgegebene Willenserklärung erkennbar im Namen des Vertretenen abgegeben wird[9]. S müsste folglich das Angebot in fremden Namen angenommen haben.

Es gibt zum Grundsatz der Offenkundigkeit aber einige Ausnahmen:
- *Geschäft für den, den es angeht*
- *Handeln unter fremden Namen*
- *auch § 1357*

---

[9] Palandt-Heinrichs, § 164 Rn. 1; Köhler, BGB AT, § 11 Rn. 18.

S gibt dem V gegenüber ausdrücklich an, dass er die Blumen für die Ausrichtung des „WISA"- Standes des L benötigt. Dem V wird somit klar, dass S das Geschäft stellvertretend für den L und nicht für sich selbst abschließen möchte. S handelt folglich in fremdem Namen.

c) Vertretungsmacht

Fraglich ist jedoch weiterhin, ob S überhaupt Vertretungsmacht hatte. Vertretungsmacht kann auf Gesetz oder Rechtsgeschäft beruhen; im zweiten Fall heißt sie Vollmacht[10].

Im vorliegenden Fall könnte eine Vollmacht des S durch A gegeben sein. Vollmacht ist gemäß § 166 II die durch ein Rechtsgeschäft erteilte Vertretungsmacht.

(1) Vollmachtserteilung

Vollmachterteilung kann neben rechtsgeschäftlicher Erteilung (wie hier) ferner kraft Gesetzes oder kraft Rechtsscheins (siehe unten) erfolgen!

Voraussetzung hierfür ist zunächst, dass die Vollmacht dem S gemäß § 167 I wirksam erteilt wurde. Die Vollmachtserteilung erfolgt durch eine einseitige, empfangsbedürftige Willenserklärung des Vollmachtsgebers.[11]

(a) Vollmacht erteilt durch L

Fraglich ist, ob L dem S eine Vollmacht zum Kauf der Palmen gegeben hat. Laut Sachverhalt weigert L sich jedoch auf die Bitte des S, bei der „WISA"- Planung mitwirken zu dürfen, ihm eine solche Aufgabe zuzuweisen. Folglich liegt keine Vollmacht gem. § 167 I an S vor.

(b) Vollmacht erteilt durch A

S könnte aber von A, stellvertretend für L, eine Vollmacht erlangt haben. A erteilt S die Erlaubnis, ihn bei der Planung des „WISA" - Standes zu unterstützen, und lässt ihm „freie Hand". Darin ist eine Erteilung der Vollmacht gem. § 167 I zu sehen.

(2) Wirksamkeit der Vollmacht

Weiterhin müsste die Erteilung der Vollmacht durch A an S wirksam sein. Laut Sachverhalt erklärt S dem V, er wolle die drei Palmen für den „WISA"- Stand seines Vaters kaufen. Die Vollmacht wird in diesem Fall jedoch nicht durch den Geschäftsherrn selbst, sondern durch dessen Stellvertreter, den Angestellten A, erteilt. Die durch einen Vertreter erteilte Vollmacht wird Untervollmacht genannt.[12]

---

[10] Medicus, BGB AT, Rn. 923; Köhler, BGB AT, § 11 Rn. 24.
[11] Rüthers/Stadler, BGB AT, § 30 R. 11.
[12] MüKo-Schramm, § 167 Rn. 93; Brox/Walker, BGB AT, § 25 Rn. 548.

(a) Befugnis zur Erteilung einer Untervollmacht

Zunächst muss hier geprüft werden, ob die Erteilung einer Untervollmacht grundsätzlich möglich ist. In Bezug auf diese Problematik decken sich die Auffassungen der Rechtsprechung und des Schrifttums.

Normalerweise verleiht die Gattungsvollmacht, also die Vollmacht für eine Gattung von Geschäften,[13] nicht die Befugnis, eine Untervollmacht zu erteilen[14]. Dies gilt jedoch in erster Linie für den Fall, dass die Hauptvollmacht auf einem ganz besonderen Vertrauen beruht, denn das ist in der Regel ein Umstand, der die Erteilung einer Untervollmacht ausschließt.[15]

Problem:
Darf ein Vertreter Untervertreter bevollmächtigen?

Die Rechtsprechung und das Schrifttum stimmen darin überein, dass aber in bestimmten Fällen die Möglichkeit einer Unterbevollmächtigung bestehen kann. Die Judikatur[16] argumentiert, dass sich die Befugnis zur Erteilung einer Untervollmacht ergibt, wenn der Hauptvollmachtgeber kein Interesse daran haben kann, dass der Bevollmächtigte die Angelegenheit persönlich wahrnimmt, oder wenn die Hauptvollmacht der Sicherung oder Erleichterung der Erfüllung einer vom Hauptvollmachtgeber gegenüber dem Hauptbevollmächtigten eingegangenen Verpflichtung dient.

A ist laut Sachverhalt mit der Planung und Organisation des „WISA" - Standes völlig überfordert. Die Unterbevollmächtigung bedeutet für ihn somit eine Erleichterung seiner Verpflichtung zur „WISA" - Planung. Der L kann folglich kein Interesse an der persönlichen Wahrnehmung der Organisation durch A haben.

(b) Zwischenergebnis

Nach allgemeiner Meinung[17] wäre vorliegend A somit grundsätzlich zur Erteilung einer Untervollmacht befugt.

(c) Gültigkeit der Untervollmacht

Voraussetzung für die Gültigkeit der Untervollmacht ist das Bestehen zweier wirksamer Bevollmächtigungen[18]. Der Hauptbevollmächtigte müsste sich bei der Unterbevollmächtigung im Rahmen der ihm erteilten Vertretungsmacht gehalten haben, und der Unterbevollmächtigte dürfte seinerseits die ihm erteilte Untervollmacht nicht überschritten haben[19].

---

[13] Brox/Walker, BGB AT, § 25 Rn. 546; Palandt-Heinrichs, § 167 Rn. 6.
[14] Pawlowski, BGB AT, Rn. 747.
[15] BGH, WM 1959, 377; Hübner, BGB AT, Rn. 1251.
[16] BGH, WM 1959, 377; Brox/Walker, BGB AT, § 25 Rn. 548.
[17] Staudinger-Dilcher, § 167 Rn. 63; Gerlach, S. 88; RGRK-Steffen, § 167, Rn. 21; Hübner, BGB AT, § 47 Rn. 647.
[18] Brox/Walker, BGB AT, § 25, Rn. 548.
[19] Brox/Walker, BGB AT, § 25 Rn. 548; Köhler, BGB AT, § 11 Rn. 58.

(aa) Wirksamkeit der Stellvertretung des A

Zu prüfen ist, ob der A den L tatsächlich wirksam vertreten hat.

(aaa) Eigene Willenserklärung

Damit A den S bevollmächtigen kann, muss A dazu bevollmächtigt gewesen sein und ferner seine Vollmacht nicht überschritten haben.

Es müsste eine eigene Willenserklärung des A vorliegen. Eine eigene Willenserklärung gibt ein Vertreter dann ab, wenn er ein gewisses Maß an Entschließungsfreiheit hinsichtlich der Person des Geschäftsgegners oder des Abschlussortes hat.[20] Der A entschließt sich aus eigener Willensbetätigung, den S zur Planung des „WISA" - Standes zu bevollmächtigen. Die Erteilung der Untervollmacht an S stellt somit eine eigene Willenserklärung dar.

(bbb) In fremdem Namen

Weiterhin müsste A erkennbar in fremden Namen des Vertretenen, also des L, auftreten. A lässt dem S bei der Planung des „WISA"- Standes „ freie Hand". Da A Angestellter des L ist und S als Sohn des L dies auch weiß, wird S deutlich, dass er stellvertretend für L und nicht für A handeln soll. Folglich ist auch das erforderliche Offenkundigkeitsprinzip gewahrt. A handelt somit erkennbar im fremden Namen.

(ccc) Vertretungsmacht

Fraglich ist jedoch, ob A auch Vertretungsmacht hatte. A könnte von L bevollmächtigt sein.

(aaaa) Erteilung der Vollmacht

Dann müsste A zunächst die Vollmacht zur Führung von Rechtsgeschäften, die zur Planung eines „WISA" - Standes notwendig sind gem. §§ 164 ff. wirksam erteilt worden sein.

Im Beschäftigungsverhältnis zwischen L und seinem Angestellten A liegt bereits die Vertretungsmacht für die Führung der oben genannten Rechtsgeschäfte begründet. Die Vollmachtserteilung ist somit gem. § 167 I durch eine interne Absprache im Arbeitsvertrag des A erfolgt.

(bbbb) Einhalten des Umfangs der Vollmacht

Umfang der Vollmacht des A

Weiter müsste A im Sinne des § 164 I den Rahmen der ihm von L erteilten Vollmacht eingehalten haben.

Fraglich ist, in welchem Umfang A Vollmacht hat. A ist Angestellter des L. Zu seinen Aufgaben gehört u.a. die Konzeption des „WISA" - Standes des L, er ist also auch zur Führung der notwendigen Rechtsgeschäfte befugt. Folglich hat er zumindest bei der Konzeption des Standes Vollmacht. A könnte jedoch den Rahmen der ihm erteilten

---

[20] Diederichsen, BGB AT, Kap. III, Rn. 286.

Vollmacht überschritten haben, als er den S zur Planung des „WISA" - Standes bevollmächtigte.

L hatte A ausdrücklich mitgeteilt, dass S gerne bei der Planung des Standes helfen wollte, er dies aber nicht solle. Weiterhin wurde A von L darauf hingewiesen, dass er sich auf „keine Diskussionen" hinsichtlich einer Bevollmächtigung einlassen solle. A überschreitet folglich seine Vollmacht.

(bb) Zwischenergebnis

Damit handelt A bei der Bevollmächtigung des S als Vertreter ohne Vertretungsmacht gem. § 179 und kann auch im Außenverhältnis dem S keine Vollmacht erteilen.

S hat von A also keine wirksame Vertretungsmacht erlangt.

(3) Zwischenergebnis

Demzufolge ist die Untervollmacht des S unwirksam.

(4) Rechtsschein einer Vollmacht

Es könnte jedoch ein zurechenbarer Rechtsschein einer Vollmacht des S vorliegen. Wenn der Vertretene seinerseits, obwohl er den Vertreter nicht bevollmächtigt hat, dazu beigetragen hat, dass sich für den Dritten der Schein einer Vollmacht des Vertreters ergibt, dann ist der Dritte schutzwürdiger als der Vertretene.[21] Die Vollmacht des S bestand von vornherein nicht. Der L könnte jedoch durch ein bestimmtes Verhalten dazu beigetragen haben, dass der V von einer Bevollmächtigung des S durch L ausgeht. Es könnte somit eine Duldungsvollmacht oder eine Anscheinsvollmacht vorliegen.

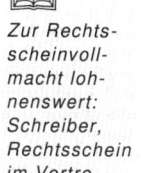

Zur Rechtsscheinvollmacht lohnenswert: Schreiber, Rechtsschein im Vertretungsrecht, Jura 1997,104 ff.

(a) Duldungs- und Anscheinsvollmacht

Bei der Anscheinsvollmacht ist dem Vertretenen das Auftreten des Anderen nicht bekannt, er hätte es aber bei genügender Sorgfalt erkennen und verhindern könne.[22] Bei der Duldungsvollmacht hingegen weiß der Vertreter um das Auftreten eines anderen als sein Vertreter, er greift jedoch nicht ein und lässt diesen gewähren.[23] Wenn die Zahl der Fälle, in denen der Geschäftsherr das Handeln des Vertreters gekannt hat, für den Rückschluss auf die Vollmacht objektiv ausreicht, ist der wissentlich geschaffene Scheintatbestand der Duldungsvollmacht bewusst geschaffen.

Zur Anscheinsvollmacht: BGH NJW 1998, 1854. Zur Duldungsvollmacht: BGH ZIP 1996, 2196

---

[21] Brox/Walker, BGB AT, § 25 Rn. 562.
[22] Larenz, BGB AT, § 33 I; MüKo-Schramm, § 167 Rn. 57 ff.; Brox/Walker, BGB AT, § 25 Rn. 566.
[23] Medicus, BGB AT, Rn. 969; Kropholler, § 167 Rn. 4.

Somit ist nicht erforderlich, dass er alle Fälle kannte, und weiterhin unerheblich ist auch, ob er vor dem Handeln des Vertreters gerade hinsichtlich des jeweils in Frage stehenden Geschäfts und gerade mit diesem Dritten wusste oder nur wissen konnte.[24]

Aus dem Sachverhalt geht hervor, dass S bisher nie als Vertreter des L bei Vertragsverhandlungen aufgetreten ist. L weiß hier nichts vom Handeln des S. Eine Duldungsvollmacht entfällt somit. Als fraglich stellt sich jedoch nun heraus, ob eine Anscheinsvollmacht vorliegen könnte.

Typischer Fehler bei Behandlung eines Streitstandes, s. dazu unten!	*Die Existenz des Scheintatbestandes einer Anscheinsvollmacht ist in der Literatur jedoch umstritten. Brox[25] sieht so zum Beispiel die Anscheinsvollmacht als Schutzeinrichtung für die jeweiligen Interessen des Geschäftsgegners und befürwortet die Existenz zur Sicherung des im Verkehr notwendigen Vertrauens auf den bestand einer Vollmacht.*

Flume hingegen ist der Meinung, dass ein schuldhaftes Verhalten nicht einer Willenserklärung gleichzusetzen sei und daher nur eine Schadensersatzpflicht auslösen könne.[26]

Um den Scheintatbestand der Anscheinsvollmacht verwirklichen zu können, ist es notwendig, dass die Handlungen des Vertreters von einer gewissen Häufigkeit und Dauer sind.[27] Der Vertretene kennt außerdem das Handeln seines „Vertreters" nicht, hätte es jedoch bei ausreichender Sorgfalt erkennen und somit verhindern können.[28] Für den Geschäftsgegner bedarf es der Gutgläubigkeit in Bezug auf die Vollmacht, das bedeutet, er darf weder vom Mangel der Vollmacht wissen, noch wissen können.[29]

Zum Aufbau eines Streitentscheides siehe zunächst in der Einleitung S.6 f.!

Falsch *ist hier die abstrakte Darstellung von Ansichten, ohne dass klargestellt wird, ob es auf diesen Streit überhaupt ankommt.*

Dies gilt hier umso mehr, als im Ergebnis die Anscheinsvollmacht abgelehnt wird.

Richtig *wäre hier folgendes Vorgehen:*

1. Darstellung der Auffassung von Brox und Anwendung auf den Fall mit Ergebnis.

2. Darstellung der Ansicht Flumes und Anwendung auf den Fall mit Ergebnis.

3. Feststellung, ob sich aus den Ansichten unterschiedliche Resultate ergeben (Relevanzprüfung). Damit ist hier keine Streitentscheidung erforderlich. Es kann mit dem Ergebnis .." keine Anscheinsvollmacht und damit überhaupt keine Vertretungsmacht..." weitergearbeitet werden.

Ob man bei der Darstellung eines Streites die Namen der verschiedenen Vertreter im Text oder in Fußnoten benennt, ist weitgehend Geschmackssache. Hier wird der Nennung in den Fußnoten der Vorzug gegeben. Am besten folgen Sie dem Geschmack des jeweiligen Aufgabenstellers!

---

[24] Canaris, Vertrauenshaftung, S.42.
[25] Brox/Walker, BGB AT, § 25 Rn. 566.
[26] Flume, BGB AT, § 49, 4; Kropholler, § 167 Rn. 5.
[27] BGH, MDR 55, 213.
[28] BGHZ 5, 111, 116; Brox, BGB AT, § 25 Rn. 566; Larenz, BGB AT, § 33 I.
[29] Brox/Walker, BGB AT, § 25 Rn. 567; Palandt-Heinrichs, §172 Rn. 15.

S war bisher nur Hilfskraft des L, und V hatte auch nie mit ihm als Vertreter des L zu tun. Es liegt eine breite Spanne zwischen den beiden Tätigkeiten, und es ist klar ersichtlich, dass die Inhalte der beiden Positionen sich in keiner Weise ähneln.

Somit kann nicht von einer gewissen Dauer und Häufigkeit des Handelns des S gegenüber dem V die Rede sein. Eine Anscheinsvollmacht des S liegt somit nicht vor.

(b) Ergebnis

Da weder eine Duldungs- noch eine Anscheinsvollmacht vorliegt, besteht somit kein dem L zurechenbarer Rechtsschein.

(5) keine wirksame Vollmacht

Es liegt folglich keine wirksame Vollmacht gemäß § 167 I von A stellvertretend für L an S vor. S handelt somit als Vertreter ohne Vertretungsmacht. Damit ist die von S abgegebene Annahme des Kaufvertrages gem. § 177 I schwebend unwirksam.

Keine Bevollmächtigung des S vor Vertragsschluss!

(6) Genehmigung des Kaufvertrages durch L

Der in seinem Namen abgeschlossene Kaufvertrag mit V könnte jedoch nachträglich von L genehmigt werden. Das vom Vertreter ohne Vertretungsmacht abgeschlossene Geschäft ist nach § 177 I zunächst schwebend unwirksam. Dem „Vertretenen" steht die Möglichkeit offen, das Geschäft nachträglich zu genehmigen.

Aber:
L, der „Vertretene", könnte den Vertrag genehmigen!

L erklärt, dass er von dem Handeln seines Sohnes nichts wusste, und dass er „mit der Bestellung nichts zu tun" habe. Somit verweigert er gem. § 177 II die nachträgliche Genehmigung des Kaufvertrages.

II. Ergebnis

Folglich ist kein wirksamer Kaufvertrag gem. § 433 zwischen L und V zustande gekommen.

V hat folglich keinen Anspruch gegen L auf Zahlung des Kaufpreises von 450 EUR gemäß § 433 II.

Im Ergebnis muss auf die im Obersatz gestellte Frage geantwortet werden!

B. Abwandlung: Anspruch des V gegen S auf Schadensersatz gem. § 179 I

V könnte jedoch gegen S einen Schadensersatzanspruch aus § 179 I hat.

I. Anspruch entstanden

Fraglich ist, ob ein solcher Anspruch entstanden ist.

1. Voraussetzungen des § 179 I

Dies setzt voraus, dass der Tatbestand des § 179 I erfüllt ist.

a) Vertreter ohne Vertretungsmacht

Voraussetzungen des § 164I müssen bis auf die Vertretungsmacht vorliegen. S müsste zunächst als Vertreter ohne Vertretungsmacht gehandelt haben. Die Untervollmacht des S ist ungültig, er handelte somit als Vertreter ohne Vertretungsmacht.

*Fehler: Auch hier wird wiederum die **Fallrelevanz des Streites nicht dargelegt**, s.o.!* *Inwieweit S gemäß § 179 belangt werden soll, ist streitig. Hierzu findet sich jedoch ein ausführlicher Rechtsstreit bei Bühler[30]. Deckt der Untervertreter dem Geschäftsgegner gegenüber die mehrstufige Vertretung auf, so soll er der Rechtsprechung nach für Mängel in der Hauptvollmacht nicht haften.[31]*

Außerdem: Wenn man auf einen Streit so ausführlich eingeht, ist es besser, die einzelnen Meinungen in gesonderten Gliederungspunkten darzustellen

Auf die Argumente geht man nicht schon bei der Darstellung des Streites ein, sondern erst wenn man nach der Feststellung der Relevanz des Streits für die konkrete Fallösung in die Entscheidung des Streites einsteigt!

Zu einer ordentlichen Darstellung s. 3. Hausarbeit!

Auch Larenz[32] stellt für die Haftung in einem solchen Fall auf den Hauptbevollmächtigten ab, da der Untervertreter bei Aufdeckung der mehrstufigen Vertretung das Vertrauen des Geschäftsgegners dahingehend in Anspruch nehme, dass er Inhaber einer Untervollmacht durch den Hauptbevollmächtigten sei. Dieses Vertrauen gehe dann aber auf den Hauptbevollmächtigten zurück, was diesen somit nach § 179 haften ließe.[33] Für diese Auffassung spricht auch, dass das Vertrauen des Unterbevollmächtigten in die ihm gegenüber erklärte Vertretungsmacht des Hauptbevollmächtigten enttäuscht worden ist. Somit wird auch er schutzbedürftig. War der Unterbevollmächtigte jedoch im Sinne des § 179 III selbst bösgläubig, ist dieser Schutz aufgehoben, und er muss selbst für den angerichteten Schaden einstehen.[34]

Gegen diese Auffassungen richtet sich Jauernig.[35] Er vertritt die Ansicht, auch ein vom vollmachtlosen Hauptvollmachtgeber Bevollmächtigter, der die mehrstufige Vertretung aufdeckt, müsse haften. Hier erscheint jedoch die Argumentation der Rechtsprechung, die sich gegen eine Haftung des Untervertreters richtet, plausibler: Stehe eine Haftung des Hauptbevollmächtigten, der hier ja eindeutig das Vertrauen des Untervertreters ausgenutzt hat, außer Zweifel, so bestehe kein Grund, den Untervertreter nicht von der Haft zu befreien.

---

[30] Bühler, MDR 1987, 985 ff.
[31] RGZ 106, 108; BGHZ 32, 250, 254 f.; BGH NJW 60, 1565 f.
[32] Larenz, BGB AT, § 32 II.
[33] Mertens, JuS 61, 315, 317.
[34] Larenz, BGB AT, § 32 II.
[35] Jauernig, BGB AT, § 179 Rn.3.

Trete der Untervertreter jedoch als direkter Vertreter des Obervollmachtgebers auf, ohne dem Dritten die mehrstufige Vertretung aufzudecken, entfalle seine Haftfreistellung.[36] Larenz argumentiert hier mit dem eingeschränkten Vertrauensgedanken. Der Untervertreter habe in einem solchen Fall das Vertrauen des Geschäftsgegners nur auf seine eigene Vertretungsmacht und nicht auf die des Hauptvollmachtgebers. Nach Larenz müsse in solchen Fällen der Untervertreter dem Geschäftsgegner wegen des Mangels seiner Vollmacht einstehen.

Dieser könne den Hauptvertreter nicht an sich binden, da er schließlich auf dessen Vertretungsmacht nicht vertraut habe.[37]

Auch Brox vertritt die Auffassung, den Stellvertreter gemäß § 179 haften zu lassen, selbst, wenn die Hauptvollmacht nicht bestanden habe. § 179 stelle in keiner Weise darauf ab, worauf das Fehlen der Vollmacht zurückzuführen sei, sondern berücksichtige allein durch die Begrenzung des Haftungsmaßstabes auf das negative Interesse, die mangelnde Kenntnis des Vertreters vom Fehlen der Vertretungsmacht.[38]

Demgegenüber vertritt Flume die Auffassung, der Hauptvertreter hafte direkt aus § 179. Es könne nicht gesagt werden, dass der Hauptvertreter wegen Fehlens seiner Vertretungsmacht nicht hafte, da er selbst keinen Vertrag abgeschlossen habe. Durch die Unterbevollmächtigung habe er am Abschluss des Vertrages mitgewirkt. Erst im Vertrauen auf diese Behauptung schließe der Dritte den Vertrag, und daher müsse der Hauptvertreter ihm nach § 179 BGB für die Behauptung der Vertretungsmacht einstehen.[39] Genau betrachtet erscheint hier aber die erste Auffassung interessengerechter. Würde der Untervertreter von einer Haftung gemäß § 179 freigestellt, hätte der Geschäftsgegner das Insolvenzrisiko zu tragen.[40]

> Hier bleibt völlig offen, weshalb der ganze Streit überhaupt dargestellt wird. Die Darstellung eines Streits ist aber kein Selbstzweck, sondern dient allein dazu, den Fall einer Lösung zuzuführen!

Auch im vorliegenden Fall wird dieser Meinung gefolgt. S verhandelt mit V, ohne die mehrstufige Vertretungsmacht aufzudecken. Er handelt den Preis der Zimmerpalmen sogar noch unter dem Hinweis, V und L seien doch „alte Freunde", herunter. V hält S somit für den direkten Stellvertreter des L. Er weiß folglich auch nichts von der erst durch A erteilten Untervollmacht.

> *Mangel:* die Entscheidung erscheint nicht als zwingende Folge der vorangehenden Diskussion, sondern eher etwas zufällig!

Hier würde es daher als widersprüchlich erscheinen, den A zu belangen. Gegebenenfalls könnte S später einen Regressanspruch gegen A haben, dies bedarf jedoch einer anderen Prüfung und soll hier nur erwähnt werden. Demnach ist S Vertreter ohne Vertretungsmacht in diesem Sinne.

---

[36] BGHZ 68, 391, 395.
[37] Larenz, BGB AT, § 32 II.
[38] Brox/Walker, BGB AT, § 25 Rn. 548.
[39] Flume, BGB AT, § 45, 5.
[40] Brox/Walker, BGB AT, § 25 Rn. 548.

b) Verweigerung der Genehmigung

Des Weiteren müsste der Vertretene die Genehmigung des Vertrages verweigern.[41] L reagiert empört, als er vom Handeln seines Sohnes erfährt. Er erklärt, er „könne Zimmerpalmen nicht mehr sehen". Des Weiteren habe er nichts mit der Bestellung zu tun, da sein Sohn eigenmächtig ohne sein Wissen gehandelt habe. Er verweigert die Annahme der Pflanzen und somit auch die Genehmigung des Vertrages.

c) Fehlen anderer Nichtigkeitsgründe

Auf andere Nichtig-keitsgründe sollte man nur eingehen, wenn offensichtlich ist, dass sie zumindest vorliegen könnten!

§ 179 greift nicht in Fällen ein, in denen der Vertrag aus anderen Gründen als des Mangels der Vertretungsmacht unwirksam wäre. Die Vertrauenshaftung soll den Geschäftspartner nicht besser stellen, als er bei Vorliegen der Vertretungsmacht gestanden haben würde.[42] Hier sind keine anderen Nichtigkeitsgründe ersichtlich.

d) Geschäftsfähigkeit des Vertreters

Fehler: Auch die Geschäfts-fähigkeit ist nur bei Zweifeln am Bestehen voller Ge-schäftsfähigkeit zu prüfen. Vorliegend haben sich jedoch keine Zweifel aufgetan!

Daher: überflüssig

Der Vertreter muss bei Abschluss des Vertrages geschäftsfähig gewesen sein. S ist Student der Agrarwissenschaften. In den letzten Jahren ist er zu „WISA" - Zeiten meist als Aushilfskraft tätig gewesen oder hat für seinen Vater Springerdienste verrichtet. Es ist daher davon auszugehen, dass der S bei Vertragsabschluss voll geschäftsfähig war.

e) Vertrauen des Geschäftspartners

Des Weiteren stellt § 179 auf ein besonderes Vertrauen des Geschäftspartners ab. Der Geschäftspartner muss gemäß § 179 dem Geschäftsgegner Garant dafür sein können, dass das Geschäft mit dem Vertretenen zustande kommen könnte. Hätte der Geschäftsgegner den Mangel der Vertretungsmacht gekannt oder bei einiger Sorgfalt erkennen können, fehlte es an dieser Garantenstellung.[43] S ist dem V bekannt. Zwar ist er ihm gegenüber noch nie als Vertreter des L aufgetreten, doch weiß V um die familiäre Beziehung zwischen S und L. Des Weiteren sind V und L, wie S im Sachverhalt erwähnt, „alte Freunde". V hätte somit zu keiner Zeit Verdacht schöpfen oder sich erkundigen müssen, ob die Untervollmacht des S gültig sei. Es ist ihm somit nicht vorzuwerfen, dass er sich auf das Wort des S verlassen und keine weiteren Nachforschungen angestellt hat. Somit ist auch die Voraussetzung des „Vertrauens des Geschäftspartners" gegeben. Wenn der andere Teil den Mangel der Vertretungsmacht kannte oder kennen musste, haftet der Vertreter nicht. Da L in Bezug auf S hier aber „gutgläubig" war, wird hier schon deutlich, dass eine Haftung des S gemäß § 179 III nicht entfällt. Die Voraussetzung des Vertrauens des Geschäftspartners ist somit gegeben.

---

[41] Staudinger, § 179 Rn. 8; Palandt-Heinrichs, § 179 Rn. 2.
[42] RGRK, § 179, Rn. 4.
[43] RGRK, § 179, Rn. 7.

2. Zwischenergebnis

Der Tatbestand des § 179 I ist somit erfüllt.

3. Einschränkungen des § 179 II

Fraglich ist aber, ob die Einschränkungen des § 179 II vorliegen.

Die Einschränkungen des § 179 II greifen, wenn dem Vertreter der Mangel seiner Vertretungsmacht unbekannt war. Fahrlässige und selbst grob fahrlässige Unkenntnis schaden nicht.[44] S bittet seinen Vater darum, selbständig an der Konzeption des „WISA" - Standes mitzuwirken. Dieser verweigert ihm zwar die Genehmigung, aber der mit der „WISA" - Planung beauftragte A bewertet die Fähigkeiten des A anders, und er lässt ihm „freie Hand". Es ist für S zwar deutlich zu erkennen, dass er gegen den Willen seines Vaters handelt, aber dass die ihm von A erteilte Untervollmacht ungültig ist, ist für ihn nicht sofort klar ersichtlich. Bei genauerer Hinterfragung wäre es für ihn jedoch möglich, dies zu erkennen. Schließlich ist es sehr ungewöhnlich, dass ein Angestellter Verbote seines Vorgesetzten einfach aufheben kann. Auch wenn S hier in dieser Beziehung fahrlässig oder sogar grob fahrlässig handelt, ist ihm dies jedoch nicht bewusst. S hat den Mangel in seiner Vertretungsmacht somit nicht gekannt, und die Einschränkungen des § 179 II greifen nunmehr.

a) Schadenshöhe

Fraglich ist in welcher Höhe V seinen Schaden von S verlangen kann.

(1) Vertrauensschaden

Gemäß § 179 II hat der Vertreter ohne Vertretungsmacht dem Dritten das negative Interesse, den Vertrauensschaden, zu ersetzen[45], den dieser dadurch erlitten hat, dass er auf die Gültigkeit des Vertrages vertraut hat. Der Geschädigte muss so gestellt werden, wie er stünde, wenn der Vertrag nicht abgeschlossen worden wäre.[46]

Vertrauensschaden contra Erfüllungsschaden

(2) Abgrenzung zum Erfüllungsschaden

Der Vertrauensschaden darf das Erfüllungsinteresse gemäß § 179 II nicht überschreiten, da der Dritte wegen der Unwirksamkeit des Vertrages nicht besser gestellt werden soll, als er stünde, wenn das Geschäft gültig geblieben wäre.[47] Der Erfüllungsschaden ist das Interesse, was der Dritte an der Gültigkeit der Erklärung hat[48], also der Schaden, der dem Dritten dadurch entstanden ist, dass der andere Teil nicht erfüllt hat.

Obwohl der Grundsatz „iudex non calculat" gilt (Der Richter rechnet nicht), muss die Berechnung des Schadens der Höhe nach korrekt sein.

---

[44] Staudinger-Dilcher, § 179 Rn. 17.
[45] MüKo-Schramm, § 179 Rn. 38; Brox/Walker, BGB AT, § 27 Rn. 604.
[46] Erman-Palm, § 122 Rn. 5; Soergel-Hefermehl, § 122 Rn.4; RGZ 170, 281, 284.
[47] Larenz, BGB AT, § 20 II, 388; Medicus, BGB AT, Rn. 784.
[48] Köhler, BGB AT, § 7 Rn 36; Diederichsen, BGB AT, Rn. 306; BGH NJW 1971, 429, 430.

Somit ist der Geschädigte so zu stellen, wie er stünde, wenn der Vertrag ordnungsgemäß erfüllt worden wäre.[49]

Übersteigt das negative Interesse den Erfüllungsschaden, hat der Geschädigte also nur Anspruch auf das positive Interesse. Das negative Interesse berechnet sich nach dem Stand ohne Geschäftsabschluss: V hätte die drei Palmen dann jeweils für 198,- EUR pro Stück verkaufen können. Der Einkaufspreis liegt bei 100,- EUR pro Palme. Damit ergibt sich pro Palme eine Gewinnspanne von 98,- EUR. Der Vertrauensschaden beliefe sich somit auf insgesamt 294,- EUR .

Das positive Interesse wird nach dem Stand bei Erfüllung des Vertrages berechnet. L hätte 150,- EUR pro Palme zahlen müssen. Bei drei Palmen wären dies 450,- EUR. V hätte an jeder der Pflanzen jedoch nur 50,- EUR verdient, was einen Gewinn von 150,- EUR ergibt. Damit beliefe sich der Erfüllungsschaden auf 150,- EUR abzüglich der in jedem Fall aufzubringenden Transportkosten. Hier überwiegt somit das negative Interesse mit 144,- EUR das positive Interesse.

b) Zwischenergebnis

Wenn, wie es hier der Fall ist, das negative Interesse das positive übersteigt, dann hat der Geschädigte nur Anspruch auf das positive Interesse, den Erfüllungsschaden. 75,- EUR hätte V für den Transport in jedem Fall aufbringen müsse, um diese Summe mindert sich der Gewinn. Dieser beläuft sich demnach im gegebenen Fall auf insgesamt 75,- EUR.

4. Endergebnis

Der Anspruch des V gem. § 179 II gegen S auf Zahlung des Erfüllungsschadens in Höhe von 75,- EUR ist somit entstanden.

II. Anspruch untergegangen

Der Anspruch ist ferner nicht untergegangen.

Zu rechtsvernichtenden Einwendungen und rechtshindernden Einreden siehe in der Einleitung S. 11.

III. Anspruch durchsetzbar

Dem Anspruch stehen auch keine rechtshemmenden Einreden entgegen, so dass er auch durchsetzbar ist.

IV. Ergebnis

Also hat V gegen S einen Schadensersatzanspruch in Höhe von 75,- EUR gem. § 179.

- Ende der Bearbeitung -

---

[49] Brox/Walker, BGB AT, § 18 Rn. 446; Hübner, BGB AT, Rn. 816; Kropholler, § 122 Rn. 3.

Hausarbeit 5

Sachverhalt

1.Teil:

Die sechzehnjährige Patty (P) möchte mit ihrer ebenfalls sechzehnjährigen Freundin Lilly (L), der achtzehnjährigen Karla (K) und anderen in angemessenem Rahmen in ihren Geburtstag hineinfeiern. Bevor alle in die Mitternachtspremiere des um 0.01 Uhr am Geburtstag der P anlaufenden Kinofilms „Harry Potter und der Halbblutprinz" gehen, treffen sie sich um 23.30 Uhr des Vortages am Kino, um sich zunächst mit Cola, Popcorn und Eis einzudecken. Nachdem dies geschehen ist, sind noch wichtige Dinge zu besprechen: Einer plötzlichen Idee folgend hatte sich P am Nachmittag einen Motorroller von Sascha (S) gekauft, der 2.000,- Euro kostet. Die Eltern der P wollten ihr zwar einen Motorroller zum Geburtstag schenken, allerdings hatten sie der P lediglich 1.000,- Euro gegeben. In ihren Augen sei ein höherer Betrag unangemessen - bei einem teureren Motorroller müsse P eben den Rest von ihrem Taschengeld bezahlen. So hatte P also die ihr von ihren Eltern überlassenen 1.000,- Euro sowie 600,- Euro an Ersparnissen bei S angezahlt und möchte den ausstehenden Betrag von ihrem Taschengeld abstottern. L und K finden den Motorroller klasse. Da P allerdings bereits ein schlechtes Gewissen aufgrund ihres Schnellkaufes hat, lässt sie sich darauf ein, den bei S gekauften Motorroller gegen die gebrauchte Vespa der L zu tauschen, die 1.600,- Euro wert ist.

Als später alles herauskommt, möchte S wissen, ob er

> *1. von P den Restkaufpreis in Höhe von 400,- Euro verlangen kann, oder*
> *2. ob ihm P den Motorroller herausgeben muss.*

Teil 2:

Einige Tage später teilte K ihren Freundinnen mit, dass sie endlich ihren Autoführerschein bestanden hat, und ihre Eltern ihr zur bestandenen Prüfung noch etwas Geld dazugegeben haben, damit sie sich ein kleines Auto kaufen kann. Als sie am Vormittag desselben Tages beim Gebrauchtwagenhändler Viktor (V) vorbei kam, sah sie auf dem Hof einen Mini zu einem Spottpreis. Daraufhin hat sie mit dem Inhaber (V), der dort auch eine Autowerkstatt betreibt, gesprochen und dieser teilte ihr mit, dass das Fahrzeug für 2.000,- Euro noch zu haben ist. Diese Information versetzte K in einen Freudentaumel, denn sie hatte genauso viel Geld, um sich ein Auto zu kaufen.

Trotz des berauschenden Glücksgefühls hatte K noch die Geistesgegenwart den V zu fragen, ob der Mini irgendwelche Unfallschäden hat. V verneinte dies, obwohl er wusste, dass das Fahrzeug schon bei ihm zur Reparatur eines Unfallschadens war.

Da K noch am selben Abend in die Skifreizeit fuhr, hatte sie keine Zeit mehr, den Autokauf mit V perfekt zu machen. Sie bat deshalb die P für sie das Geschäft mit V abzuwickeln, damit ihr der Mini nicht vor der Nase weggeschnappt würde. Dieses kündigte sie dem V auch im Vorfeld an. P erklärte sich einverstanden und erhielt daraufhin von K eine schriftliche Vollmacht. K weist sie an den Mini zu kaufen, wenn er für sie ebenfalls optisch ansprechend ist und nicht zu viele Kilometer gefahren ist. Beim Besichtigungstermin einige Tage später ist P von dem Mini begeistert. Er sieht prima aus, ist erst wenige Kilometer gefahren und sehr gut erhalten. Sie kauft den Mini für 2.000,- Euro im Namen der K.

Bei einer Durchsicht des Mini's etwa 3 ½ Jahre später in der Werkstatt des Rudi (R) fragt dieser K, ob der Mini ein Unfallfahrzeug sei. K wundert sich über diese Frage und lässt ihren Wagen noch einmal genauer von P untersuchen. P stellt fest, dass der Mini wegen eines kleinen Unfalls repariert werden musste. K ist empört, dass der V sie so „betrogen" hat, und geht noch am selben Tag zu ihm, um ihm zu sagen, dass sie ihr Geld zurück haben möchte und deshalb den Vertrag anfechten oder zurücktreten will. Sie habe sich beim Kauf des Fahrzeugs nach eventuellen Vorschäden erkundigt, doch V habe ihr damals nicht die Wahrheit über den Zustand des Fahrzeugs gesagt. V ist der Ansicht, dass der Vertrag wirksam geschlossen wurde.

Hat K einen Anspruch auf Rückzahlung des Geldes?

Inhaltsverzeichnis

5. HAUSARBEIT

TEIL 2 .... **105**

A. ANSPRUCH DER K AUS § 346 I I.V.M §§ 437 NR. 2 ALT. 1, 323, 326 V **105**

    I. WIRKSAMER KAUFVERTRAG 105

        1. Angebot des V *105*

        2. Angebot der K *105*

        3. Stellvertretung bei Vertragsschluss *105*

            a) Zulässigkeit der Stellvertretung 106

            b) Eigene Willenserklärung 106

            c) Im fremden Namen 106

            d) Vertretungsmacht de P 106

            e) Zwischenergebnis 107

    II. MANGELHAFTIGKEIT 107

        1. Mangel nach § 434 S. 1 .... *107*

        2. Im Zeitpunkt des Gefahrübergangs *108*

    III. FRISTSETZUNG ZUR NACHERFÜLLUNG 108

    IV. ERHEBLICHKEIT DES MANGELS 108

    V. WIRKSAME RÜCKTRITTSERKLÄRUNG 108

    VI. VERJÄHRUNG 109

    VII. ERGEBNIS 109

C. ANSPRUCH DER K AUS § 346 I I.V.M §§ 324, 241 II **109**

    I. GEGENSEITIGER VERTRAG 109

    II. VERLETZUNG EINER NEBENPFLICHT NACH § 241 II 109

    III. AUSSCHLUSS DES § 324 110

D. ANSPRUCH DER K AUS § 985 .... **110**

    I. GELDWERTVINDIKATION 110

    II. GELDSACHVINDIKATION 111

    III. ERGEBNIS 111

E. ANSPRUCH DER K AUS § 812 I 1 ALT. 1 .... **111**

    I. ETWAS ERLANGT 111

    II. OHNE RECHTSGRUND 112

        1. Vernichtung durch Anfechtung *112*

            a) Anfechtungserklärung ggü. dem Anfechtungsgegner 112

            b) Anfechtungsgrund 112

                (1) Eigenschaftsirrtum nach § 119 II 112

                (2) Irrtum über verkehrswesentliche Eigenschaft 113

                (3) Arglistige Täuschung nach § 123 I 114

            c) Frist 114

            d) Anfechtungsberechtigung 114

        2. Zwischenergebnis *115*

    III. ERGEBNIS 115

F. ENDERGEBNIS **115**

Gutachten

Teil 1

A. Frage 1

I. Anspruch des S aus § 433 II BGB[1]

S könnte gegen P einen Anspruch aus § 433 II BGB auf Zahlung des Restkaufpreises i.H.v. € 400 haben.

1. Wirksamer Kaufvertrag

Hierfür müsste zunächst ein wirksamer Kaufvertrag gemäß § 433 I zwischen den Vertragsparteien geschlossen worden sein.

Dafür müssten die Voraussetzungen für das Zustandekommen eines Kaufvertrages erfüllt sein; die Parteien sich also über die wesentlichen Vertragsbestandteile geeinigt haben, d.h. es müssten inhaltlich übereinstimmende, in Bezug aufeinander abgegebene, Willenserklärungen von mindestens zwei Personen[2], Angebot und Annahme, vorliegen. Sie dürften nicht widerrufen worden sein und müssten die essentialia negotii enthalten.[3] Die essentialia negotii sind bei einem Kauf der Kaufgegenstand, sowie Kaufpreis und die Vertragsparteien.[4]

a) Einigung

Zunächst müsste eine Einigung über den Kaufgegenstand und den Kaufpreis vorliegen. Laut Sachverhalt kauft P den Motorroller bei S für € 2.000. Es liegt also eine Einigung über die zur Abnahme bestimmte Kaufsache und die Höhe des Entgelts als Kaufpreis vor.

Fraglich ist, ob die P eine wirksame Willenserklärung abgeben konnte. Zum Zeitpunkt des Vertragsschlusses mit S war die P 15 Jahre alt. Aus § 106 i.V.m. § 2 ist jeder, der das siebente Lebensjahr vollendet und das 18. Lebensjahr noch nicht vollendet hat, minderjährig und somit beschränkt geschäftsfähig. Die P ist demnach minderjährig. Hieraus könnten sich Bedenken gegen die Wirksamkeit der Einigung ergeben.

Die Geschäftsfähigkeit ist in den §§ 104 ff. geregelt. Bei Geschäften Minderjähriger ist hierauf immer einzugehen!

b) Wirksamer Zugang der Willenserklärung

Erst einmal müsste der minderjährigen P eine Willenserklärung wirksam zugegangen sein. Grundsätzlich wird aus § 131 II S.1 eine Willenserklärung gegenüber einem Minderjährigen erst mit Zugang beim gesetzlichen Vertreter wirksam. Jedoch geht gemäß § 131 II S. 2 die Willenserklärung einem Minderjährigen sofort wirksam zu, wenn eine

---

[1] Soweit nicht anders gekennzeichnet, sind Paragraphen solche des BGB.
[2] Brox/Walker, BGB AT, § 4 Rn. 78 f.
[3] Medicus, BGB AT, Rn. 431; Palandt-Heinrichs, Einf v §145 Rn. 3; Kropholler, vor § 145 Rn. 1.
[4] Medicus, BGB AT, Rn. 431.

Einwilligung des gesetzlichen Vertreters vorliegt. Die gesetzlichen Vertreter der P sind aus §§ 1626 I, 1629 I deren Eltern. Eine Einwilligung bedeutet gem. § 183 S. 1 die vorherige Zustimmung gegenüber dem Minderjährigen oder dem Geschäftspartner.[5] Die Eltern erlaubten der P, sich einen Motorroller zu kaufen. Somit ist P eine Willenserklärung bezüglich des Motorrollerkaufes wirksam zugegangen.

c) Unwirksamkeit aus § 108 I

Des Weiteren müsste P die Willenserklärung gegenüber S wirksam abgegeben haben. Der Minderjährige kann gem. § 107 ohne Einwilligung des gesetzlichen Vertreters nur solche Willenserklärungen wirksam abgeben, die ihm lediglich einen rechtlichen Vorteil bringen.[6]

d) Rechtlicher Vorteil aus § 107

Lesenswert zur Minderjährigenproblematik: Preuß, Das für den Minderjährigen lediglich rechtlich vorteilhafte Geschäft, Jus 2006, 305

P dürfte durch ihre Willenserklärung lediglich einen rechtlichen Vorteil erlangt haben. Ein rechtlicher Vorteil ist jede Vermehrung von Rechten und eine Verringerung von Pflichten.[7] P und S schließen einen Kaufvertrag. Aus diesem erwachsen Pflichten im Gegenseitigkeitsverhältnis für die Vertragsparteien.[8]

Ein solcher gegenseitiger Vertrag ist für einen beschränkt Geschäftsfähigen niemals nur rechtlich vorteilhaft.[9] Die Verpflichtung der P, durch den Kaufvertrag aus § 433 II den Motorroller abzunehmen und den Kaufpreis zu zahlen, bedeutet mithin einen rechtlichen Nachteil für diese.

2. Einwilligung des gesetzlichen Vertreters

Gegebenenfalls kann hier eine Abgrenzung zwischen Einzel- und Generaleinwilligung vorgenommen werden.

Dementsprechend bedarf die Minderjährige gemäß § 107 der Einwilligung ihrer gesetzlichen Vertreter. Die Eltern gaben der P € 1.000 für einen Motorroller. Sie äußerten zudem, dass die P bei einem teureren Motorroller eben den Rest von ihrem Taschengeld bezahlen müsse. Diesbezüglich könnte eine konkludente Einwilligung[10] aus § 110 vorliegen. Diese kann in der Überlassung der Mittel durch den gesetzlichen Vertreter liegen.[11] Als Mittel kommen alle Vermögensgegenstände in Betracht. Ein Hauptfall ist u.a. das Taschengeld.[12]

---

[5] Medicus, BGB AT, Rn. 576.
[6] Medicus, BR, Rn. 171.
[7] Köhler, JuS 79, 789, 790.
[8] Köhler, JuS 79, 789, 791.
[9] Brox/Walker, BGB AT, §12 Rn. 273; Medicus BGB AT, Rn. 560.
[10] Palandt-Heinrichs, § 110 Rn. 1.
[11] Brox/Walker, BGB AT, § 12 Rn. 280; Palandt-Heinrichs, § 110 Rn. 1.
[12] Palandt-Heinrichs, § 110 Rn. 3; Musielak, Grundkurs BGB, Rn. 316.

Die Eltern sagten, dass bei einem Motorroller, der mehr als € 1.000 kostet, die P den Rest von ihrem Taschengeld bezahlen solle. P hat € 600 Taschengeld angespart. Somit erteilten die Eltern der P eine Einwilligung aus § 110 bezüglich der € 1.600 zum Kauf des Motorrollers. § 110 verlangt weiterhin, dass die vertragsmäßige Leistung tatsächlich i.S.d § 362 I bewirkt wird, d.h. die Leistung müsste voll erbracht worden sein.[13] Der Minderjährige soll nur zur Leistung solcher Mittel verpflichtet werden, die er auch tatsächlich zur Verfügung hat.[14] P zahlt jedoch nur € 1.600 an und will den ausstehenden Betrag von ihrem Taschengeld abstottern. Sie hat das Geld für den Motorroller also nicht zur Verfügung. Teilerfüllung führt nur zur Teilwirksamkeit, wenn Leistung und Gegenleistung entsprechend teilbar sind. Dies ist bei einem Kaufvertrag nicht der Fall.[15] Ratenkäufe bei unteilbaren Geschäften bleiben also bis zur Zahlung der letzten Rate durch den Minderjährigen schwebend unwirksam.[16]

Der Kaufvertrag zwischen S und P ist somit schwebend unwirksam.

3. Genehmigung aus § 108

Aus dem vorher Gesagten hängt die Wirksamkeit des Vertrages zwischen P und S gemäß § 108 I von der Genehmigung des gesetzlichen Vertreters ab.[17] Die Genehmigung ist aus § 184 I die nachträgliche Zustimmung. Durch sie gilt der Vertrag als von Anfang an wirksam (§ 108 I). Die Eltern der P sind der Meinung, dass ein Betrag von mehr als € 1.000 für einen Motorroller unangemessen sei. Weiterhin hat P bisher lediglich weitere € 600 angespart und nicht die erforderlichen € 1.000. Es kann hier davon ausgegangen werden, dass eine Genehmigung der Eltern aus § 108 I zum Kauf des Motorrollers i.H.v. € 2.000 nicht erteilt wird.

Ein anderes Ergebnis ist hier mit der entsprechenden Argumentation ohne weiteres vertretbar.

II. Ergebnis

Der zwischen P und S geschlossene Vertrag ist aus § 108 I unwirksam. S hat folglich keinen Anspruch auf Zahlung des Restkaufpreises i.H.v. € 400 gegen P aus § 433 II.

---

[13] Brox/Walker, BGB AT, § 12 Rn. 280; Medicus, BGB AT, Rn. 579.
[14] Brox/Walker, BGB AT, § 12 Rn. 280.
[15] Palandt-Heinrichs, § 110 Rn. 4.
[16] Medicus, BGB AT, Rn. 580; Musielak, Grundkurs BGB, Rn. 319.
[17] Brox/Walker, BGB AT, § 12 Rn. 281.

B. Frage 2

I. Anspruch des S aus § 985

*Die Voraussetzungen des § 985 nennt man auch **Vindikationslage**.*

S könnte einen Anspruch auf Herausgabe des Motorrollers aus § 985 gegen P haben. Hierfür müsste S Eigentümer und P Besitzerin des Motorrollers sein, ohne dass P ein Recht zum Besitz gegenüber S i.S.v. § 986 hat.

1. Eigentum des S an dem Motorroller

Fraglich ist, ob S Eigentümer des Motorrollers ist. Eigentum ist die volle rechtliche Herrschaft über eine Sache, d. h. das Recht mit der Sache nach Belieben zu verfahren und andere von jeder Einwirkung ausschließen zu können.[18]

Ursprünglich war S Eigentümer des Motorrollers.

a) Eigentumsverlust durch Übereignung

Man geht bei der Prüfung des Eigentums immer vom ursprünglichen Eigentum aus. Danach prüft man einen etwaigen Übergang des Eigentums nach den §§ 929 ff.

S könnte sein Eigentum an dem Motorroller aber durch Übereignung gemäß § 929 S. 1 an P verloren haben. Hierfür müssten eine wirksame rechtsgeschäftliche Einigung über den Übergang des Eigentums und eine tatsächliche Übergabe vorliegen.[19] Zudem müsste der Motorroller eine bewegliche Sache sein.

(1) Bewegliche Sache

Bewegliche Sachen sind alle körperlichen Gegenstände i.S.v. § 90, bei denen eine Ortsveränderung möglich ist.[20] Der Motorroller ist ein körperlicher Gegenstand, der sich ohne größere Umstände transportieren lässt. Somit ist dieser eine bewegliche Sache.

(2) Einigung

*Das **Abstraktionsprinzip** ist streng zu beachten!*

Es müsste eine Einigung zur Übergabe vorliegen. Eine Einigung ist ein formfreier, abstrakter, dinglicher Vertrag[21], der sich auf die Vereinbarung des Veräußerers und des Erwerbers über den Übergang des Eigentums einer bestimmten Sache bezieht.[22] Die Einigung kann auch durch schlüssiges Verhalten erfolgen.[23]

Spätestens mit der Aushändigung des Motorrollers erklären S und P, dass sie sich einig darüber sind, dass P Eigentümerin des Motorrollers wird. S war als Eigentümer über

---

[18] Brox/Walker, AT, § 28 Rn. 624; RGZ 55, 281, 284.
[19] Musielak, Grundkurs BGB, Rn. 551.
[20] Larenz/Wolf AT, S. 388, § 20 Rn. 20; Brox/Walker, AT, § 36 Rn. 800.
[21] Palandt-Heinrichs, § 929 Rn. 2.
[22] Westermann, Sachenrecht, S. 277, § 38 1.
[23] MüKo–Quack, § 929 Rn. 44.

den Motorroller der Verfügungsberechtigte und somit auch befugt, dieses Verfügungs-geschäft abzuschließen.

Die Einigung ist allerdings ein Vertrag, d.h. für sie gelten die Vorschriften über Willens-erklärungen und Verträge.[24] Die Einigung könnte somit aufgrund der beschränkten Ge-schäftsfähigkeit der P aus § 108 I unwirksam sein. Die Einigung wäre aus § 107 wirk-sam, wenn sie der P lediglich einen rechtlichen Vorteil brächte oder von einer Einwilli-gung des gesetzlichen Vertreters gedeckt ist. In der Erlangung von Eigentum liegt ein rechtlicher Vorteil.[25]

Somit ist der Eigentumserwerb an dem Motorroller rechtlich vorteilhaft. Zu klären ist al-lerdings, ob der P bei Wirksamkeit der Einigung auch ein rechtlicher Nachteil entstünde. Ein solcher könnte darin liegen, dass die Minderjährige durch die Übereignung aus § 362 I einen kaufvertraglichen Anspruch auf Übereignung verliert.[26] Hier willigten die Eltern der P in den Kauf eines Motorrollers ein.[27] Somit ist die Einigung zwischen P und S wirksam.

b) Übergabe

Zudem müsste S der P den Motorroller übergeben haben. Bei der Übergabe müsste im gegenseitigen Einverständnis der Veräußerer den Besitz verlieren, der Erwerber den Besitz erwerben und dabei müsste der Gewahrsam an der Sache wechseln.[28] Weiterhin müsste der Besitzerwerb auf Veranlassung des Eigentümers erfolgen.[29]

Besitz bedeutet aus § 854 I die tatsächliche Herrschaft über eine Sache. S übergab den Motorroller an P, somit verschafft S der P den unmittelbaren Besitz an dem Motorroller nach § 854 I, während er selbst jegliche Besitzposition aufgibt.

Zu dieser Verfügung müsste S berechtigt gewesen sein. Zur Verfügung befugt ist i.d.R der Inhaber des Rechts, über das verfügt wird.[30] S war Eigentümer des Motorrollers und mithin zur Übergabe berechtigt. Die Übergabe war dementsprechend wirksam.

Somit liegt eine Übergabe i.S.v. § 929 S. 1 vor.

2. Ergebnis

S hat den Motorroller nach § 929 S. 1 wirksam an P übereignet und damit sein ur-sprüngliches Eigentum verloren. Er hat demzufolge keinen Anspruch auf Herausgabe gem. § 985.

---

[24] Musielak, Grundkurs BGB, Rn. 551.
[25] Brox/Walker, BGB AT, § 12 Rn. 276; Köhler, JuS 79, 789, 793.
[26] Schreiber, Jura 93, 666; Wacke, JuS 78, 80.
[27] Siehe 1. Teil A.I.2.
[28] Wieling, SaR, § 9 I 2a; Musielak, Grundkurs BGB, Rn. 555.
[29] MüKo–Quack, § 929 Rn 111.
[30] Musielak, Grundkurs BGB, Rn. 259.

II. Anspruch des S aus § 812 I 1 Alt. 1

Diesen Anspruch nennt man auch **Leistungskondiktion**, *denn P hat* **etwas durch Leistung** *erlangt. Daher ist im Bereicherungsrecht streng zwischen den einzelnen Kondiktionen zu unterscheiden.*

S könnte einen Anspruch auf Herausgabe des Motorrollers aus § 812 I 1 Alt. 1 haben. Fraglich ist insofern, ob P etwas durch Leistung ohne rechtlichen Grund erlangt hat.

1. Etwas erlangt

Etwas erlangt i.S.d § 812 I 1 Alt. 1 ist jeder Vermögensvorteil.[31] P erlangte das Eigentum und den Besitz durch wirksame Übereignung aus § 929 S. 1 an dem Motorroller.[32] Hierin ist ein Vermögensvorteil zu sehen.

2. Durch Leistung

Leistung i.S.d. §§ 812 ff. ist jede bewusste, zweckgerichtete Mehrung fremden Vermögens.[33] Ein Zweck der Leistung liegt z.B. in der Erfüllung einer Verpflichtung.[34] S wollte seiner Verpflichtung aus dem mit P geschlossenem Kaufvertrag nachkommen, indem er den Motorroller P übergab. Somit leistete er bewusst und zweckgerichtet und mehrte damit das Vermögen der P.

3. Ohne rechtlichen Grund

Fraglich ist, ob für die Leistung ein rechtlicher Grund vorliegt. Dieser könnte hier in dem zwischen P und S geschlossenen Vertrag liegen. Der Kaufvertrag zwischen S und P ist jedoch unwirksam.[35] Es besteht also kein rechtlicher Grund für die Leistung des S.

4. Zwischenergebnis

P erlangte das Eigentum und den Besitz an dem Motorroller durch Leistung des S ohne rechtlichen Grund. Die Voraussetzungen für einen Anspruch des S aus § 812 I 1 Alt. 1 sind gegeben.

5. Rechtsfolge

Die Herausgabepflicht erstreckt sich vorrangig auf das primär Erlangte, d.h. in erster Linie den ungerechtfertigt erlangten Gegenstand selbst.[36]

Das primär Erlangte ist vorliegend der Motorroller. P tauschte den Motorroller jedoch gegen die Vespa der L. Fraglich ist insofern, inwieweit sich diese Tatsache auf den Bereicherungsanspruch des S auswirkt. Problematisch erscheint, ob es sich beim Kondiktionsanspruch um einen Verschaffungs- oder Auskehrungsanspruch handelt.

---

[31] Palandt-Sprau, § 812 Rn. 16; BGH NJW 1995, 54.
[32] Siehe B.I.2.
[33] Palandt-Sprau, § 812 Rn. 3; BGHZ 40, 272, 277; 58, 184, 188; BGH NJW 99, 1394
[34] Musielak, Grundkurs BGB, Rn. 726.
[35] Siehe 1. Teil A.II.
[36] Palandt-Sprau, § 818 Rn. 5.

a) Verschaffungsanspruch

Einer Meinung nach handelt es sich um einen Verschaffungsanspruch. D.h. der Bereicherungsschuldner sei im Fall der Leistungskondiktion (§ 812 I 1 Alt. 1[37]) zur Wahrnehmung von Wiederbeschaffungsmöglichkeiten des empfangenen Leistungsgegenstandes verpflichtet, allerdings ohne eigenes Vermögen zu opfern.[38] Hat der Schuldner einen Anspruch auf Herausgabe des Gegenstandes gegen einen Dritten, sei er somit zur Leistung ohne weiteres im Stande.[39] P müsste also den Motorroller wiederbeschaffen und herausgeben, für den Fall, dass sie einen Anspruch auf Herausgabe gegen L hat.

(1) Anspruch der P aus § 985

Fraglich ist insofern, ob P einen Herausgabeanspruch bezüglich des Motorrollers gegen L aus § 985 hat. Dieser Anspruch setzt voraus, dass P Eigentümerin und L Besitzerin des Motorrollers ist, ohne dass L ein Recht zum Besitz gegenüber P i.S.v. § 986 zustünde.

Von Fall zu Fall werden inzidente Prüfungen etwaiger Ansprüche des eigentlichen Anspruchsgegners notwendig.

(a) Eigentumsverlust der P an dem Motorroller

Fraglich ist, ob P Eigentümerin des Motorrollers ist. Eigentum ist die volle rechtliche Herrschaft über eine Sache.[40] Ursprünglich war P Eigentümerin des Motorrollers[41], da sie die volle Sachherrschaft über diesen ausübte. Das Eigentum an dem Motorroller könnte jedoch durch eine Übereignung nach § 929 S. 1 von P an L übergegangen sein. Hierfür müsste eine Einigung über einen Übergang des Eigentums an dem Motorroller und eine Übergabe stattgefunden haben. Weiterhin müsste der Motorroller eine bewegliche Sache sein.

Der Motorroller ist ein körperlicher Gegenstand und dementsprechend eine bewegliche Sache.

Da § 985 im Rahmen dieser Hausarbeit bereits geprüft wurde, ist ein zweites Mal auf die einzelnen Punkte nur noch kurz einzugehen, wenn sie unproblematisch sind.

(aa) Einigung

Für eine wirksame Übereignung müsste eine Einigung zwischen P und L vorhanden sein. Spätestens mit der Aushändigung des Motorrollers erklären P und L, dass sie sich einig darüber sind, dass L Eigentümerin des Motorrollers wird. Allerdings waren P und L zum Zeitpunkt der Einigung aus § 106 i.V.m. § 2 minderjährig. Die Einigung könnte demnach aus § 108 I unwirksam sein.

Die Einigung wäre aus § 107 wirksam, wäre sie für P und L lediglich rechtlich vorteilhaft. Die Vespa der L hat einen geringeren Wert als der Motorroller der P. Für L ist der Eigentumserwerb ein rechtlicher Vorteil.

Beachte: Es geht hier nur um den Eigentumserwerb, Abstraktionsprinzip!

---

[37] Palandt-Sprau, § 812 Rn. 1.
[38] Reuter, FS für Gernhuber, 369, 378.
[39] Reuter, FS für Gernhuber, 369, 378.
[40] Brox/Walker, BGB AT, § 28 Rn. 624; RGZ 55, 281, 284.
[41] Siehe 1. Teil B.I.

Im Rahmen der Prüfung des § 985 ist lediglich das Verfügungsgeschäft (Eigentumsübergang des Motorrollers) zwischen L und P entscheidend.

Anders bei der Prüfung des § 812 IS. 1 Alt. 1! Siehe dort!

Die Einigung über den Eigentumsübergang bedeutet für P jedoch einen Rechtsverlust. Hierin ist ein rechtlicher Nachteil zu sehen. Wie bereits oben geprüft, erlaubten die Eltern der P, sich für € 1.600 einen Motorroller zu kaufen. Grundsätzlich betrifft eine solche Einwilligung nur ein bestimmtes Geschäft:[42] hier der Kauf eines Motorrollers. P hat nun einen Motorroller und tauscht diesen mit der Vespa der L. Fraglich ist, ob die Einwilligung der Eltern sich auch auf diesen Tausch erstreckt. Weitere Geschäfte über das mit dem ersten Geschäft Erworbene werden von der Einwilligung nur gedeckt, wenn sie gleich als erstes Geschäft hätten vorgenommen werden können.[43] Die Vespa der L ist € 1.600 wert. P hätte also gleich für die € 1.600 die Vespa von L kaufen können. Ob der Minderjährige über Gegenstände, die er mit dem Taschengeld erworben hat, frei verfügen darf, ist eine Auslegungsfrage.

Bei geringwertigen Gegenständen ist dies in der Regel zu bejahen.[44] Entscheidend ist somit die Zweckbestimmung, die vom gesetzlichen Vertreter vorgegeben und die gegebenenfalls durch Auslegung zu ermitteln ist. Vorliegend gaben die Eltern der P lediglich € 1.000, damit sie sich davon einen Motorroller kaufen kann. Allerdings sagten sie auch, dass P bei einem teureren Motorroller eben den Rest von ihrem Taschengeld bezahlen müsse. Demzufolge kann davon ausgegangen werden, dass der Kauf des teureren Motorrollers von der Einwilligung der Eltern gedeckt ist. Die Einwilligung des gesetzlichen Vertreters geht jedoch nicht soweit, dass der Minderjährige über das nunmehr erlangte frei verfügen darf. Hierzu bedarf es der erneuten Zustimmung. Das Surrogatgeschäft ist dagegen wirksam, wenn es auch gleich als erstes Geschäft mit dem Taschengeld hätte vorgenommen werden können.[45] Eine Einigung über den Eigentumsübergang des Motorrollers ist somit zustande gekommen.

(bb) Übergabe

Bei der Übergabe müsste im gegenseitigen Einverständnis der Veräußerer den Besitz verlieren, der Erwerber den Besitz erwerben und dabei müsste der Gewahrsam an der Sache wechseln.[46] Weiterhin müsste der Besitzerwerb auf Veranlassung des Eigentümers erfolgen.[47] P übergibt L den Motorroller, somit verschafft P der L den unmittelbaren Besitz an dem Motorroller aus § 854 I, während sie selbst jegliche Besitzposition aufgibt. Somit liegt eine Übergabe i.S.v. § 929 S. 1 vor.

---

[42] Medicus, BGB AT, Rn. 577.
[43] Medicus, BGB AT, Rn. 577; Rüthers-Stadler, § 23 Rn. 24.
[44] Kropholler, § 110 Rn. 2; RGZ 74, 234, 236.
[45] Medicus, BGB AT, Rn. 577; Rüthers-Stadler, § 23 Rn. 24.
[46] Wieling, SachenR, § 9 I 2a.
[47] MüKo–Quack, § 929 Rn. 111.

(cc) Kein Recht zum Besitz

Für die Bejahung des Anspruchs dürfte L gegenüber P kein Recht zum Besitz haben. Gründe, die ein Besitzrecht der L an dem Motorroller ausschließen sind nicht ersichtlich.

(b) Zwischenergebnis

P übereignete den Motorroller wirksam aus § 929 S. 1 an L. Ein Anspruch auf Herausgabe des Motorrollers aus § 985 besteht nicht.

(2) Anspruch der P aus § 812 I S. 1 Alt. 1

P könnte einen Anspruch auf Herausgabe des Motorrollers gegen L aus § 812 I 1 Alt. 1 haben. Dies setzt voraus, dass L etwas durch Leistung des P ohne Rechtsgrund erlangt hat. Die L erlangte das Eigentum und Besitz an dem Motorroller durch bewusste und zweckgerichtete Leistung der P. Die Leistung müsste ohne Rechtsgrund erfolgt sein. Ein solcher könnte sich aber aus einem wirksamen Tauschvertrag zwischen P und L aus § 480 i.V.m § 433 ergeben.

(a) Tauschvertrag

Voraussetzungen für einen Tauschvertrag sind gemäß §§ 480, 433 I, II Tauschleistungen im Gegenseitigkeitsverhältnis.[48]

P erhält im Gegenzug für ihren Motorroller die Vespa der L. Mithin sind Tauschleistungen im Gegenseitigkeitsverhältnis vorgenommen worden. Probleme für die Wirksamkeit des Vertrages könnten sich jedoch aus der Minderjährigkeit der P und der L ergeben.

(b) Unwirksamkeit aus § 108 I

Fraglich ist, ob der Vertrag zwischen L und P aus § 108 unwirksam ist. Das Geschäft wäre aus § 107 wirksam, würden sich für P und L lediglich rechtliche Vorteile ergeben. Durch einen Tauschvertrag ergeben sich für beide Parteien Leistungs- und Rechtsverschaffungspflichten aus § 433 I sowie die Abnahmepflicht aus § 433 II.[49] Es ergeben sich also weder für L noch für P aus dem Vertrag lediglich rechtliche Vorteile. Es bedarf also einer Einwilligung der gesetzlichen Vertreter aus § 107. Die Willenserklärung der P ist durch die Einwilligung der Eltern gedeckt.[50] Jedoch liegt keine Einwilligung der Eltern der L vor. Der Vertrag ist somit schwebend unwirksam.

Lesenswert zur Minderjährigenproblematik: Preuß, Das für den Minderjährigen lediglich rechtlich vorteilhafte Geschäft, Jus 2006, 305

Eine Genehmigung der Eltern der L aus § 108 I ist weder gegeben noch verweigert worden.

---

[48] Saenger, § 480, S. 584.
[49] Saenger, § 480, S. 584.
[50] Siehe B.II.5 a (1) (a) (aa).

(c) Zwischenergebnis

Der Tauschvertrag zwischen P und L ist somit schwebend unwirksam. Ein schwebend unwirksamer Vertrag stellt keinen Rechtsgrund dar.[51] Folglich besteht kein rechtlicher Grund für die Leistung der P an die L. P hätte also Anspruch auf Herausgabe des Motorrollers gegen L aus § 812 I 1 Alt. 1.

(3) Anwendung auf den Fall

Es ist nicht zu vergessen, dass hier eigentlich ein Anspruch des S gegen P geprüft wird.

P als Bereicherungsschuldnerin ist nach dieser Ansicht zur Wahrnehmung von Wiederbeschaffungsmöglichkeiten, d.h. zur Geltendmachung ihres Bereicherungsanspruches gegen L, verpflichtet. Demnach wäre sie zur Leistung an S in der Lage. S hätte mithin einen Anspruch auf Herausgabe des Motorrollers gegen P aus § 812 I 1 Alt. 1.

b) Auskehrungsanspruch

Eine andere Ansicht besagt, dass der Bereicherungsanspruch sich als Auskehrungsanspruch nur auf die Herausgabe des Kondiktionsobjektes aus dem eigenen Vermögen des Kondiktionsgegners richtet.[52] Der Umfang der Bereicherung entscheide sich allein nach der Höhe der Bereicherung des Schuldners.[53] Ab dem Moment, in dem das Erlangte im Vermögen des Kondiktionsgegners nicht mehr vorhanden ist, stelle sich die Frage, ob dieser es wiederbeschaffen könnte, also nicht.[54]

Durch die wirksame Übereignung der P an L befindet sich der Motorroller nicht mehr im Vermögen der P. Der letzteren Ansicht nach, wäre P somit nicht zur Herausgabe des Motorrollers verpflichtet.

c) Stellungnahme

Ein Grundgedanke des Bereicherungsrechts ist es, die Herausgabe auf das objektive Maß der Bereicherung zu beschränken (§ 818 III).[55] Somit ist der letzteren Auffassung zu folgen.

6. Ergebnis

P hat das Eigentum und den Besitz an dem Motorroller verloren. Ein etwaiger Herausgabeanspruch des S aus § 812 I 1 Alt. 1 ist ein Auskehrungsanspruch. Somit scheidet ein Anspruch des S auf Herausgabe des Motorrollers gegen P gemäß § 812 I 1 Alt. 1 aus. Der Herausgabeanspruch aus § 812 I 1 Alt. 1 bleibt jedoch bestehen. Sein Umfang bestimmt sich nach § 818.

---

[51] BGHZ 65, 123, 126.
[52] Gursky, JR 92, 95, 97; MüKo-Lieb, § 818 Rn. 28; Staudinger-Lorenz, § 818 Rn. 21; Erman-Westermann-Buck-Heeb, § 818 Rn. 15; RGZ 56, 383, 387.
[53] MDR 70, 926; Palandt-Sprau, § 818 Rn. 1.
[54] Gursky, JR 92, 95, 97.
[55] Palandt-Sprau, § 818 Rn. 1.

Teil 2

A. Anspruch der K aus § 346 I i.V.m §§ 437 Nr. 2 Alt. 1, 323, 326 V

Fraglich ist, ob K einen Anspruch auf Rückzahlung des Kaufpreises aus § 346 I Alt. 2 aufgrund des Rücktritts aus §§ 437 Nr. 2 Alt 1, 323, 326 V hat.

I. Wirksamer Kaufvertrag

Hierfür müsste zunächst ein wirksamer Kaufvertrag gemäß § 433 I zwischen den Vertragsparteien geschlossen worden sein.

Dafür müssen die Voraussetzungen für das Zustandekommen eines Kaufvertrages erfüllt sein; die Parteien sich also über die wesentlichen Vertragsbestandteile geeinigt haben, d.h. es müssten zwei übereinstimmende Willenserklärungen, Angebot und Annahme vorliegen, die gegenseitig zugegangen sind, nicht widerrufen wurden und die sog. Essentialia Negotii enthalten.[56]

1. Angebot des V

Durch das Ausstellen des Mini auf dem Hof des V könnte ein Angebot seinerseits liegen. Das Vertragsangebot als empfangsbedürftige Willenserklärung, durch die ein Vertragsschluss einem anderen so angetragen wird, dass nur von dessen Einverständnis das Zustandekommen des Vertrages abhängt.[57] Bei Verlautbarungen an die Allgemeinheit, wie hier das Ausstellen des Mini auf dem Hof des V, fehlt erkennbar ein Geschäftswille, so dass es sich nicht um Angebote im Rechtssinne, sondern nur um Aufforderungen zu Angeboten handelt.[58] V gibt lediglich eine Aufforderung zur Offerte (invitatio ad offerendum[59]) ab. Auch in der Auskunft während des Telefongesprächs mit K, dass der Wagen noch zu haben ist, ist kein Angebot des V zu erkennen.

2. Angebot der K

Durch ihren Anruf bei V könnte K ein Angebot abgegeben haben. Bei dem Anruf handelt es sich allerdings um eine unverbindliche Nachfrage. Somit hat K persönlich kein Angebot abgegeben.

3. Stellvertretung bei Vertragsschluss

Ein rechtsgeschäftliches Handeln der P könnte der K aufgrund einer wirksamen Stellvertretung gemäß §§ 164, 167 zugerechnet werden. Dafür müssten die Voraussetzungen der Stellvertretung gemäß § 164 I vorliegen.

---

[56] Palandt-Heinrichs, Einf v § 145 Rn. 3 f.; Kropholler, vor § 145 Rn. 1.
[57] Brox/Walker, BGB AT, § 8 Rn. 165.
[58] Brox/Walker, BGB AT, § 8 Rn. 165a.
[59] Brox/Walker, BGB AT, § 8 Rn. 165a.

a) Zulässigkeit der Stellvertretung

Zunächst müsste die Stellvertretung zulässig sein. Eine Stellvertretung ist grundsätzlich bei allen Rechtsgeschäften und geschäftsähnlichen Handlungen zulässig[60]. Dies gilt jedoch nicht bei höchstpersönlichen Rechtsgeschäften. Eine Stellvertretung beim Autokauf betrifft keine durch das Gesetz geregelten Ausschlussgründe, mithin ist die Stellvertretung zulässig.

b) Eigene Willenserklärung

Es ist weiterhin zu prüfen, ob P eine eigene Willenserklärung abgegeben hat. Eine Willenserklärung ist eine private Willensäußerung, die auf die Erzielung einer Rechtsfolge gerichtet ist.[61]

Eine Abgrenzung zum Boten erscheint immer sinnvoll!

P handelt aufgrund der Anweisungen der K, den Mini zu kaufen, wenn er optisch ansprechend ist und nicht zu viele Kilometer runter hat. Der Kauf des Mini ist also P's persönliche Entscheidung. Sie gibt also im Gegensatz zum Boten, der nur eine fremde Willenserklärung übermittelt[62], eine eigene ab. Fraglich ist, ob P als Minderjährige eine Willenserklärung wirksam abgeben kann. Bei der Stellvertretung handelt es sich um ein neutrales Geschäft[63], das weder einen rechtlichen Vorteil noch Nachteil bringt.[64] Gem. § 165 kann der minderjährige Stellvertreter (hier P) also Willenserklärungen wirksam abgeben und empfangen.

c) Im fremden Namen

Weiterhin müsste der Vertreter im Namen des Vertretenen handeln.[65] K rief zunächst bei V an und kündigte diesem an, dass P kommen würde, um den Kauf abzuwickeln. P kaufte infolgedessen den Mini im Namen der K.

d) Vertretungsmacht des P

Weiterhin müsste der Stellvertreter innerhalb der ihm zustehenden Vertretungsmacht gehandelt haben.[66] K gibt P eine schriftliche Vollmacht (§ 166 II), und weist sie an, den Mini vom Autohändler V für sie zu kaufen. K erteilt also eine Spezialvollmacht, also auf ein bestimmtes Geschäft bezogen,[67] in Form einer Innenvollmacht[68] aus § 167 I Alt. 1. Diese Vollmachtserteilung kündigt sie dem V an. Es handelt sich also um eine nach au-

---

[60] MüKo-Thiele, vor § 164 Rn. 0; Brox/Walker, BGB AT, § 24 Rn. 516.
[61] Brox/Walker, BGB AT, § 4 Rn. 82; Hübner, BGB AT, Rn. 662.
[62] Brox/Walker, BGB AT, § 24 Rn. 518; Medicus, BGB AT, Rn. 886.
[63] Köhler, JuS 79, 789, 790; Schreiber, Jura 87, 221, 222.
[64] Medicus, BGB AT, Rn. 567.
[65] Medicus, BGB AT, Rn. 905; Brox/Walker, BGB AT, § 24 Rn. 524.
[66] Brox/Walker, BGB AT, § 24 Rn. 531.
[67] Brox/Walker, BGB AT, § 25 Rn. 546.
[68] Brox/Walker, BGB AT, § 25 Rn. 541.

ßen kundgemachte Innenvollmacht, für die die §§ 171 I, 172 I gelten.[69] Die P kauft genau den Mini, für den die K ihr die Vollmacht erteilte.

Sie handelte somit im Rahmen ihrer Vertretungsmacht.

e) Zwischenergebnis

Die P hat die K somit wirksam vertreten. Insofern ist ein wirksamer Kaufvertrag zwischen K und V geschlossen worden.

II. Mangelhaftigkeit

Um ein Rücktrittsrecht von diesem Vertrag zu begründen, müsste die Sache mangelhaft sein. Relevant sind Sachmängel (§ 434) und Rechtsmängel (§ 435). Vorliegend kommt ein Sachmangel in Betracht.

Es ist daher zu prüfen, ob der Unfallschaden einen Sachmangel i.S.d. § 434 darstellt.

1. Mangel nach § 434 S. 1

Nach dem sogenannten subjektiven Fehlerbegriff liegt ein Mangel vor, wenn die Sache die vereinbarte Beschaffenheit nicht aufweist. Maßgeblich ist hierfür ausschließlich die vertragliche Vereinbarung, nicht jedoch die objektive Betrachtung.[70] Unter Beschaffenheit fällt jede Eigenschaft und jeder der Sache anhaftende tatsächliche, wirtschaftliche oder rechtliche Umstand.[71]

K fragte im Rahmen der Verkaufsverhandlungen den V, ob der Mini unfallfrei sei, was dieser bejahte. Es ging der K darum festzustellen, welche Beschaffenheit das Fahrzeug aufweist. Vertraglich vereinbart ist demnach, dass der Mini unfallfrei sein soll. Allerdings musste er wegen eines Unfalls repariert werden.

Demnach fehlt der verkauften Sache eine vertraglich vereinbarte Beschaffenheit, so dass ein Sachmangel i.S.d. 434 I S. 1 vorliegt.

> *Sollte man einen Mangel nach § 434 I S. 1 verneinen müssen, ist dann weiter zu prüfen, ob ein Sachmangel im Sinne des § 434 I S. 2 Nr. 1 oder Nr. 2 vorliegt.*
>
> *Nr. 1: Diese Regelung ist praktisch ein Auffangtatbestand für subjektive Fehler. Umfasst sind solche Fälle, in denen die konkrete Beschaffenheit nicht ausdrücklich besprochen wurde, die Parteien diese aber selbstverständlich den Vertragsverhandlungen zu Grunde legten.*
>
> *Nr. 2: Fehlt ein subjektiver oder subjektiv bestimmbarer Mangel, kommt noch ein objektiver Mangel in Betracht. Hier ist der Mangel anhand objektiver Kriterien zu bestimmen. Ist die Sache für den gewöhnlichen Gebrauch geeignet und weist sie die „üblichen" Beschaffenheiten auf?*
>
> *Dann könnte noch ein Fehler wegen falscher Angaben in der Werbung nach § 434 I 3 oder der – von einigen Autoren „Ikea"-Klausel genannte – Fehlerbegriff des § 434 II wegen einer falschen Montageanleitung vorliegen*

---

[69] Medicus, BR, Rn. 95.
[70] Dauner-Lieb, SchuldR, § 8 Rn. 29.
[71] Palandt-Weidenkaff, § 434 Rn. 14.

2. Im Zeitpunkt des Gefahrübergangs

Dieser Sachmangel müsste gemäß § 434 I 1 bei Gefahrübergang nach § 446 S. 1 bestanden haben. Maßgebender Zeitpunkt ist hier der Vollzug der Übergabe[72], d.h. die Gefahr des zufälligen Untergangs oder der zufälligen Verschlechterung der gekauften Sache geht vom Verkäufer auf den Käufer über.[73] Der Mini war schon vor der Übergabe an K nicht unfallfrei. Somit bestand der Sachmangel bei Gefahrübergang.

III. Fristsetzung zur Nacherfüllung

Weiterhin müsste eine erfolglose Frist für die Nacherfüllung aus § 323 I gesetzt sein. Die K setzt dem V jedoch keine Frist zur Nacherfüllung. Die Fristsetzung könnte im vorliegenden Fall gemäß § 326 V entbehrlich sein. Hierfür müsste die Leistungspflicht aus § 275 ausgeschlossen sein. Hier könnte eine objektive Unmöglichkeit, d.h. eine Unmöglichkeit der Leistung für jedermann[74], der Nacherfüllung aus § 275 I Alt. 2 vorliegen. Nacherfüllung bedeutet entweder die Lieferung einer mangelfreien Sache oder die Beseitigung des Mangels.[75] Der von V an K verkaufte Mini ist gebraucht und dementsprechend ein Stückkauf, bei dem regelmäßig die Lieferung einer mangelfreien Sache ausscheidet.[76] Ein Mini mit haargenau den gleichen Eigenschaften, allerdings unfallfrei, kann in dieser Form nicht nachgeliefert werden. Ein Fahrzeug kann nicht unfallfrei gemacht werden. Somit ist der Mangel nicht behebbar. Es liegt also ein Fall der objektiven Unmöglichkeit vor. Demnach ist eine Leistung aus § 275 I Alt. 2 ausgeschlossen und eine Fristsetzung gemäß § 326 V entbehrlich.

IV. Erheblichkeit des Mangels

Der Mangel müsste zudem gemäß § 323 V 2 erheblich sein. Unerheblich ist der Mangel, wenn er unterhalb der Bagatellegrenze liegt.[77] Hier kommt es auf die objektive Störung, also den Mangel an.[78] Einerseits liegt hier lediglich ein kleinerer Unfallschaden vor. Andererseits war der Schaden doch so schwer, dass eine Reparatur nötig war. Außerdem war die Unfallfreiheit vereinbart und das Kaufverhalten der K davon abhängig. Somit ist der Mangel vorliegend erheblich.

V. Wirksame Rücktrittserklärung

Der Rücktritt müsste gemäß § 349 wirksam durch eine empfangsbedürftige Willenserklärung[79] erklärt sein. K erklärt dem V persönlich, dass sie vom Vertrag zurücktreten wolle. Die Rücktrittserklärung der K ist also wirksam.

---

[72] Palandt-Putzo, § 446 Rn. 13; Musielak, Grundkurs BGB, Rn. 512.
[73] Brox/Walker, BS, § 3 Rn. 14; Larenz, Schuldrecht BT Bd. II Hb. 1, S. 44.
[74] Brox/Walker, AS, § 22 Rn. 4.
[75] Musielak, Grundkurs BGB, Rn. 590.
[76] Musielak, Grundkurs BGB, Rn. 591; Huber, NJW 02, 1004, 1006.
[77] Jauernig-Stadler, § 323 Rn. 20; BGH NJW 82, 1386, 1386.
[78] MüKo-Ernst, § 323 Rn. 243.
[79] Palandt-Putzo, § 437 Rn. 21.

VI. Verjährung

Der Anspruch, der das Rücktrittsrecht begründet, dürfte nicht verjährt sein. Hier könnte der Anspruch auf mangelfreie Leistung gemäß § 433 I 2 verjährt sein. Bei arglistigem Verschweigen des Mangels sind aus § 438 III 1 regelmäßige Verjährungsfristen anzuwenden. V verschwieg den Mangel.

Fraglich ist, ob er dies auch arglistig tat. Die Voraussetzungen für die Arglist sind dieselben wie bei der arglistigen Täuschung[80], also Vorsatz.[81] Es genügt bedingter Vorsatz, d.h. die Vorstellung, die unrichtige Erklärung könne möglicherweise die Willenserklärung des anderen Teils beeinflussen.[82]

V leugnete den Mangel wider besseres Wissen obwohl K ihn danach fragte. V rechnete mindestens damit, dass die Fehlinformation die K möglicherweise zur Abgabe einer Willenserklärung bestimmen würde. Er verschwieg den Mangel somit vorsätzlich. Somit ist die regelmäßige Verjährungsfrist anzuwenden. Diese beträgt gemäß § 195 drei Jahre. Hier beginnt sie nach § 199 I Nr. 2 mit dem Schluss des Jahres, in dem K Kenntnis von dem Mangel erlangt. K geht sofort nach Entdecken des Mangels zu V. Der Rücktrittsanspruch ist folglich nicht verjährt.

VII. Ergebnis

Der Rücktritt der K ist mithin wirksam. Dies hat die Umwandlung des Vertragsverhältnisses in ein Rückgewährschuldverhältnis zur Folge.[83] K hat somit einen Anspruch auf Rückzahlung des Geldes gegen V aus § 346 I i.V.m § 437 Nr. 2 Alt. 1.

C. Anspruch der K aus § 346 I i.V.m §§ 324, 241 II

K könnte zudem einen Anspruch auf Rückgewähr des Geldes nach § 346 I durch Rücktritt aus § 324 i.V.m § 241 II haben.

I. Gegenseitiger Vertrag

Zwischen K und V besteht ein gegenseitiger Vertrag.[84]

II. Verletzung einer Nebenpflicht nach § 241 II

Weiterhin müsste V eine Nebenpflicht aus § 241 II verletzt haben. Diese Verletzung könnte hier in der Falschauskunft gegenüber K liegen. Unter § 241 II fallen überwiegend Aufklärungspflichten.[85] Eine solche besteht vor allem bei Fragen des anderen Teils:

---

[80] Palandt-Weidenkaff, § 438 Rn. 12.
[81] Brox/Walker, BGB AT, § 19 Rn. 454.
[82] BGH NJW 57, 988, 988; 71, 1800, 1800.
[83] Brox/Walker, AS, § 18 Rn. 2.
[84] Siehe 2.Teil A. I. 3 e.
[85] Palandt-Heinrichs, § 241 Rn. 7.

Diese müssen vollständig und richtig beantwortet werden.[86] Der V beantwortete die Frage der K nach der Unfallfreiheit des Mini nicht wahrheitsgemäß. V verletzte somit eine Nebenpflicht aus § 241 II.

III. Ausschluss des § 324

Hier könnte sich jedoch ein Konkurrenzproblem mit der Mängelhaftung ergeben. Ansprüche gegen den Verkäufer wegen Verletzung einer Nebenpflicht sind gesperrt, wenn sie sich auf einen Mangel des Kaufgegenstandes i.S.d §§ 434, 435 beziehen.[87] Der Sachmangel i.S.d § 434, der die K gemäß §§ 437 Nr. 2 Alt. 1, 326 V zum Rücktritt berechtigt, liegt in der nicht vorhandenen Unfallfreiheit des Mini. Die Verletzung der Nebenpflicht bezieht sich genau auf diesen Mangel. Bei einer Anwendung des § 324 würde das differenzierte Regelungssystem der §§ 437, 441 unterlaufen, z.B. der grundsätzliche Vorrang der Nacherfüllung vor einem Rücktritt.[88] Somit ist ein Rücktritt der K gemäß § 324 i.V.m § 241 II ausgeschlossen.

D. Anspruch der K aus § 985

K könnte einen Anspruch auf Herausgabe des Geldes aus § 985 gegen V haben. Hierfür müsste V Besitzer des Geldes sein. Nach erfolgter Übergabe war er dies. Allerdings wurden die einzelnen Geldnoten in den 3 ½ Jahren, die seit der Zahlung vergangen sind, vermischt, ausgetauscht, auf Konten eingezahlt usw. Strittig ist daher die Frage, ob eine Geldvindikation möglich ist, wenn die einzelnen Scheine nicht mehr identifizierbar sind.

I. Geldwertvindikation

Einer Meinung nach ist eine Geldvindikation in so einem Fall möglich. Geld sei Funktion: die Geldformen seien gleichwertig und somit austauschbar.[89] Es sei nicht vom Stück, sondern von dem Geld als Wertträger auszugehen[90], also eine Wertvindikation vorzunehmen.[91] Der Anspruch des Inhabers bleibe somit bestehen, bis der Geldbetrag in das Vermögen eines Dritten übergeht, was dem Verlust der Identifizierbarkeit gleichkäme.[92] Dies sei zwar ein Einbruch in das traditionelle sachenrechtliche System, jedoch würde durch das Zulassen einer Aufrechnung gegen einen Anspruch aus § 985 anerkannt, dass es auch im Rahmen des Sachenrechts auf den Betrag ankomme.[93] Außerdem räume das geltende Recht dem Eigentümer einen Schutz ein, der auch bei der

---

[86] Palandt-Heinrichs, § 123 Rn. 5a; BGH NJW 67, 1222 (1222); 77, 1914 (1915).
[87] Oetker-Maultzsch, Vertragl. Schuldverh., S. 115; BT Drucksachen 14 / 6040, 209f.
[88] Oetker-Maultzsch, Vertragl. Schuldverh., S. 115; Jorden-Lehmann, JZ 01, 952 (957).
[89] Simitis, AcP 159, 406 (465).
[90] Simitis, AcP 159, 406 (465).
[91] Simitis, AcP 159, 406 (460); Westermann, SachenR, § 30 V 3a.
[92] Simitis, AcP 159, 406 (460).
[93] Simitis, AcP 159, 406 (460); Westermann, SachenR, § 30 V 3.

Behandlung des Geldes nicht übersehen werden dürfe.[94] Die Stellung des Geldeigentümers sei ohnehin durch Erhöhen des Verkehrsschutzes (z.B. § 935 II) geschwächt.[95] Somit sei die Betragsvindikation zweckmäßig für die Anwendung des eigentumsrechtlichen Schutzes auf Geld.[96]

II. Geldsachvindikation

Eine andere Ansicht sagt, eine Vindikation entfalle bei z.B. Vermischung, Einwechseln oder Einzahlen der Geldnoten auf ein Bankkonto.[97] Es gelte, den sachenrechtlichen Bestimmtheitsgrundsatz auch bei Geld anzuwenden, ansonsten sei es kaum möglich eine neue Abgrenzung zu finden.[98] Die Frage, ob der Wert im Vermögen des Besitzers noch vorhanden sei, gehöre in den Bereich der Kondiktion.[99] Durch die schuldrechtlichen Ansprüche werde das Interesse des Gläubigers befriedigt.[100] Außerdem gehe das Eigentum an Geld leichter verloren als an anderen Sachen, dies sei schon in § 935 II angelegt.[101] Durch die Wertvindikation würden Geldgläubiger aber einen Vorrang vor anderen Gläubigern erlangen, der rechtspolitisch fragwürdig sei.[102]

III. Ergebnis

Nach der zuerst genannten Ansicht könnte K, wenn sie noch Eigentümerin des Geldes wäre, einen Anspruch gegen V auf Herausgabe des Geldes haben, sollten sich die € 2.000 dem Wert nach noch in dessen Vermögen befinden. Nach letzterer Auffassung ist solch eine Vindikation nicht mehr möglich. Die Herausgabe nach § 985 richte sich auf die Sache an sich und nicht auf den Wert. Aus den oben aufgeführten Argumenten ist dieser Meinung zu folgen. Demnach hat K, selbst wenn sie noch Eigentümerin wäre, keinen Anspruch auf Herausgabe des Geldes gegen V nach § 985.

E. Anspruch der K aus § 812 I 1 Alt. 1

K könnte einen Anspruch gegen V auf Herausgabe des Geldes gemäß § 812 I 1 Alt. 1 haben. Hierfür müsste V etwas durch bewusste und zweckgerichtete Leistung der K ohne rechtlichen Grund erlangt haben.

I. Etwas erlangt

V müsste zunächst das Eigentum und den Besitz an dem Geld der K erlangt haben. Ursprünglich war K Eigentümerin. Sie könnte ihr Eigentum an dem Geld als bewegliche

---

[94] Simitis, AcP 159, 406, 464; Westermann, SachenR, § 30 V 3a.
[95] Westermann, SachenR, § 30 V 3a.
[96] Simitis, AcP 159, 406, 463; Westermann, SachenR, § 30 V 3a.
[97] Staudinger-Gursky, § 985 Rn. 79.
[98] Medicus, JuS 83, 897, 900.
[99] Medicus, JuS 83, 897, 900.
[100] MüKo-Medicus, § 985 Rn. 16.
[101] Medicus, JuS 83, 897, 900.
[102] MüKo-Medicus, § 985 Rn. 17; Staudinger-Gursky, § 985 Rn. 80.

Sache aus § 90 jedoch durch wirksame Übereignung nach § 929 S. 1 an V verloren haben. Dies setzt eine Einigung und Übergabe voraus.[103] K selbst war zum Zeitpunkt der Einigung nicht anwesend ließ sich jedoch durch P wirksam gemäß § 164 I 1 vertreten.[104] Bei der Einigung zur Übergabe handelt es sich um einen rechtsgeschäftlichen Vertrag[105], somit ist die Stellvertretung auch zulässig.

Weiterhin müsste eine Übergabe stattgefunden haben. Bei der Übergabe aus § 929 S. 1 als Realakt ist die Stellvertretung nicht möglich.[106] Aufgrund fehlender Anhaltspunkte kann allerdings davon ausgegangen werden, dass die Übergabe und somit Besitzverschaffung[107] wirksam stattgefunden hat.

K verlor ihr Eigentum und Besitz an den Geldscheinen durch wirksame Übereignung, zu der sie als Eigentümerin berechtigt war, aus § 929, 1 an V. V erlangte also das Eigentum und den Besitz an dem Geld durch Leistung der K.

II. Ohne Rechtsgrund

Diese Leistung müsste ohne Rechtsgrund erfolgt sein. Ein solcher besteht aber in dem Kaufvertrag zwischen K und V.

1. Vernichtung durch Anfechtung

Dieser könnte jedoch rückwirkend gemäß § 142 I durch eine Anfechtung der K nichtig sein.

a) Anfechtungserklärung ggü. dem Anfechtungsgegner

Zunächst müsste gemäß § 143 I eine Anfechtungserklärung gegenüber dem richtigen Anfechtungsgegner gemäß § 143 II vorliegen. K sagt dem V, dass sie den Vertrag anficht. Somit erklärte K ihre Anfechtung gegenüber dem V, der aus § 143 II auch der Anfechtungsgegner ist.

b) Anfechtungsgrund

Weiterhin müsste für eine wirksame Anfechtung ein Anfechtungsgrund gegeben sein. Ein Anfechtungsgrund könnte sich aus § 119 II sowie aus § 123 I ergeben.

(1) Eigenschaftsirrtum nach § 119 II

Fraglich ist, ob eine Anfechtung nach § 119 II neben den Mängelrechten aus § 437 bestehen kann. Umstritten ist dies nur, wenn sich der Eigenschaftsirrtum des Käufers auf eine Sache bezieht, wegen der ihm Rechte aus § 437 zustehen.[108]

---

[103] Kropholler, § 929 Rn. 1, 5; Musielak, Grundkurs BGB, Rn. 551.

[104] Siehe 2. Teil A. I 3 e.

[105] Palandt-Bassenge, § 929 Rn. 23.

[106] BGHZ 16, 259 (263); BGH NJW-RR 86, 470, 470; Palandt-Bassenge, § 929 Rn. 23.

[107] Musielak, Grundkurs BGB, Rn. 555.

[108] Musielak, Grundkurs BGB, Rn. 618.

(2) Irrtum über verkehrswesentliche Eigenschaft

Das Rücktrittsrecht der K aus § 437 Nr. 2 Alt. 1 begründet sich aus der nicht vorhandenen Unfallfreiheit des Mini, die einen Sachmangel darstellt. Fraglich ist also, ob die Unfallfreiheit auch eine verkehrswesentliche Eigenschaft i.S.d. § 119 II ist. Eigenschaften einer Sache sind u.a. alle tatsächlichen Verhältnisse, soweit sie nach der Verkehrsanschauung von Bedeutung für die Wertschätzung sind.[109] Die Unfallfreiheit des Mini ist ein tatsächliches Verhältnis, das für ihre Wertschätzung von Bedeutung ist. Bei der Verkehrswesentlichkeit ist von Sinn und Zweck des konkreten Rechtsgeschäfts auszugehen: aus seinem Inhalt kann sich die Wesentlichkeit bestimmter Eigenschaften ergeben.[110] Die Unfallfreiheit des Mini wurde durch V und K vereinbart. Somit ist die Unfallfreiheit hier eine verkehrswesentliche Eigenschaft.

Strittig ist, ob das Anfechtungsrecht durch Eingriff der Mängelrechte ausgeschlossen ist.

Einer Ansicht könnten die §§ 437 ff. nicht mehr als abschließende Regelung angesehen werden[111], so dass diese den § 119 II nicht ausschlössen. Dafür sprächen nach dem Schuldrechtsmodernisierungsgesetz die Unterschiede in den Rechtsfolgen. Vielmehr sollten die Ansprüche des Käufers in das allgemeine Leistungsstörungsrecht integriert und die eigenständige Regelung des Gewährleistungsrechts beseitigt werden. Das Argument, durch Zulassen einer Anfechtung nach 119 II würde die Verjährungsregelung des § 438 unterlaufen[112], überzeuge wegen Verlängerung dieser Frist nicht mehr.[113]

Eine andere Meinung vertritt die Ansicht, dass eine Anfechtung nach § 119 II bei Eingreifen der Mängelrechte ausgeschlossen ist.[114] Es müsse beachtet werden, dass einem Käufer die Mängelrechte verwehrt sind, wenn er grob fahrlässig den Mangel bei Vertragsschluss nicht erkannte (§ 442 I 2), er durch eine Anfechtung nach § 119 II jedoch ein fast gleiches Ergebnis wie beim Rücktritt erlangt: Schließlich ist die Anfechtung nach § 119 II bei grober Fahrlässigkeit nicht ausgeschlossen.[115] Außerdem müsse der Käufer vor Rückgängigmachung des Vertrages dem Verkäufer eine Frist zur Nacherfüllung setzen. Diese Chance, einen vertragsgemäßen Zustand herbeizuführen, bliebe dem Verkäufer bei einer Anfechtung verwehrt[116] wäre also mit § 439 unvereinbar.[117] Aus diesen Gründen sei eine Anfechtung nach § 119 II ausgeschlossen, wenn sich der Irrtum auf einen Sachmangel bezieht.[118]

---

[109] Palandt-Heinrichs, § 119 Rn. 24; BGHZ 34, 32, 41; 88, 240, 245.
[110] Palandt-Heinrichs, § 119 Rn. 25; BGHZ 88, 240 (246).
[111] Musielak, Grundkurs BGB, Rn. 618.
[112] Palandt-Heinrichs, § 119 Rn. 28; BGHZ 34, 32, 34.
[113] Musielak, Grundkurs BGB, Rn. 618.
[114] Palandt-Weidenkaff, § 437 Rn. 53.
[115] Musielak, Grundkurs BGB, Rn. 618.
[116] Musielak, Grundkurs BGB, Rn. 618.
[117] Palandt-Heinrichs, §119 Rn. 28.
[118] Musielak, Grundkurs BGB, Rn. 618; Brox/Walker, BS, § 5 Rn. 96; Kropholler, § 119 Rn. 18.

Nach der ersten Auffassung könnte die K also neben den Mängelrechten auch den Vertrag mit V nach § 119 II anfechten. In Anbetracht der Argumente ist allerdings der zweiten Ansicht zu folgen. Demnach ist die Anfechtung der K nach § 119 II durch das Eingreifen der Mängelrechte aus § 437 Nr. 2 Alt. 1 ausgeschlossen.

(3) Arglistige Täuschung nach § 123 I

Die Anfechtung wegen arglistiger Täuschung hingegen ist ohne Einschränkung durch die Gewährleistungsvorschriften beim Kauf zugelassen.[119] Fraglich ist, ob eine arglistige Täuschung des V vorliegt.

Die Täuschung müsste sich auf objektiv nachprüfbare Umstände beziehen.[120] Die Unfallfreiheit des Mini's ist ein objektiv nachprüfbarer Umstand.

Weiterhin müsste eine Täuschungshandlung, d.h. ein Verhalten vorliegen, das bei einem anderen einen Irrtum erregt oder aufrecht erhält.[121] V bejahte die Frage der K nach der Unfallfreiheit des Mini. Hierdurch erregte er bei K einen Irrtum über die Unfallfreiheit des Fahrzeugs.

Außerdem müsste die Täuschungshandlung kausal für die Willenserklärung sein.[122] Hätte K gewusst, dass der Mini nicht unfallfrei ist, hätte er die P nicht bevollmächtigt diesen für ihn zu kaufen.

Zudem müsste die Täuschung widerrechtlich sein.[123] Es ist allerdings kein Ausschlussgrund für die Widerrechtlichkeit zu erkennen. Des Weiteren erfordert § 123 Arglist, also Vorsatz des Täuschenden.[124] V täuschte die K vorsätzlich.

c) Frist

Zudem müsste K die Anfechtungsfrist gemäß § 124 I eingehalten haben. Diese beginnt gemäß § 124 II mit Entdecken der Täuschung und dauert dann drei Jahre (§ 124 I). Nach Bemerken der Täuschung geht K unverzüglich zu V und ficht den Vertrag an. Die Frist ist somit eingehalten.

d) Anfechtungsberechtigung

Vorliegend wurde der Vertrag durch die Stellvertreterin P geschlossen, K erteilte nur die Vollmacht. Fraglich ist insofern, ob sie als Vollmachtgeberin berechtigt ist, dass gesamte Rechtsgeschäft anzufechten. Aus § 166 I ist bei Willensmängeln grundsätzlich auf den Vertreter abzustellen. Willensmängel könnten nur da gesucht werden, wo die Ent-

---

[119] Musielak, Grundkurs BGB, Rn. 619; Palandt-Weidenkaff, § 437 Rn. 54; MüKo-Kramer, § 123 Rn. 35.

[120] Palandt-Heinrichs, § 123 Rn. 3; MüKo-Kramer, § 123 Rn. 15.

[121] Musielak, Grundkurs BGB, Rn. 373.

[122] Brox/Walker, BGB AT, § 19 Rn. 452; Musielak, Grundkurs BGB, Rn. 376.

[123] Brox/Walker, BGB AT, § 19 Rn. 453.

[124] Brox/Walker, BGB AT, § 19 Rn. 454.

scheidung stattgefunden hat. Dieser Gedanke überzeugt aber nicht, wenn der Entschluss zum Geschäft vom Vertretenen stammt und dieser den Vertreter erst zum Geschäftsabschluss, also der Geschäftswille des Vollmachtgebers Abgabe und Inhalt der Vertretererklärung bestimmt.[125] Hier erteilte K der P eine Spezialvollmacht. In diesem Fall vollzieht der Vertreter tatsächlich nur den Willen des Vollmachtgebers.[126] Beeinflusst der Geschäftsgegner die dem Vertreter erteilte Weisung und somit den Geschäftsabschluss, durch Täuschung des Vollmachtgebers, muss dieser die Täuschung nicht hinnehmen.[127] Eine analoge Anwendung des Rechtsgedankens des § 166 II ist also erlaubt.[128] Die Spezialvollmacht erteilte K der P erst nach der Täuschung des V. K ist also zur Anfechtung gemäß § 123 I gegenüber V durch analoge Anwendung des § 166 II berechtigt.

2. Zwischenergebnis

Die Anfechtung der K nach § 123 I ist somit wirksam. Der Vertrag ist aus § 142 I als von Anfang an nichtig anzusehen.

III. Ergebnis

Folglich ist kein Rechtsgrund für die Leistung der K vorhanden. Somit hat K einen Anspruch auf Herausgabe des Geldes gegen V aus § 812 I 1 Alt. 1.

Fraglich ist alleinig, wie vorzugehen ist, wenn V nicht mehr Besitzer der einzelnen Geldscheine ist. Nach dem Gesetzeszweck ist eine wirtschaftliche Betrachtung des § 812 geboten: Der Geldwert stellt, nicht die Geldzeichen, das Erlangte und somit Herauszugebende dar.[129] Insofern bezieht sich der Anspruch der K auf € 2.000 im Allgemeinen, nicht auf die von ihm übereigneten Geldnoten.

F. Endergebnis

K hat also ein Anspruch auf Rückgewähr des Geldes durch wirksamen Rücktritt nach § 437 I Nr. 2 Alt. 1, § 326 V gegen V. Gleichzeitig hat sie einen Anspruch auf Herausgabe des Geldes aus § 812 I 1 Alt. 1 gegen V. Die Anfechtung wegen arglistiger Täuschung durch den Käufer ist durch die Mängelhaftung nicht beschränkt: Es steht ihr frei zwischen den Ansprüchen aus § 437 und denen, die bei Nichtigkeit des Kaufvertrages bestehen, zu wählen.[130]

- Ende der Bearbeitung -

---

[125] BGH NJW 69, 926, 927.
[126] MüKo-Schramm, § 164 Rn. 70.
[127] BGHZ 51, 141, 147.
[128] Medicus, BGB AT, Rn. 902; BGHZ 51, 141, 141; Palandt-Heinrichs, § 166 Rn. 12.
[129] Musielak, Grundkurs BGB, Rn. 725 ff.
[130] Palandt-Putzo, § 437 Rn. 54; Brox/Walker, BS, § 4 Rn. 138; BGH NJW 58, 175, 177.

Literaturverzeichnis

Alternativkommentar zum BGB	Band 3, Besonderes Schuldrecht, Neuwied, Darmstadt 1979
Bähr, Peter	Grundzüge des Bürgerlichen Rechts, 11. Auflage, München, Vahlen 2008
Benöhr, Hans-Peter	Die unterlassenen Schönheitsreparaturen in JuS 1989, 913ff
Brehm, Wolfgang	Allgemeiner Teil des BGB, 5. Auflage, Stuttgart (u.a.) 2002
Brox, Hans / Walker, Wolf Dietrich	Allgemeiner Teil des BGB, 31. Auflage, Köln (u.a.) 2007
Brox, Hans / Walker, Wolf-Dietrich	Allgemeines Schuldrecht, 32. Auflage, München 2007
Brox, Hans / Walker, Wolf-Dietrich	Besonderes Schuldrecht, 32. Auflage, München 2007
Bühler, Christoph	Grundsätze und ausgewählte Probleme der Haftung des ohne Vertretungsmacht Handelnden in MDR 1987, 985
Bub, Wolf-Rüdiger / Belz, August	Handbuch der Geschäfts- und Wohnraummiete, München 1989
Canaris, Claus-Wilhelm	Die Vertrauenshaftung im deutschen Privatrecht, Band 16, München 1971
Dauner-Lieb, Barbara / Heidel, Thomas / Lepa, Manfred / Ring, Gerhard	Das neue Schuldrecht, Ein Lehrbuch, Köln 2002
Diederichsen, Uwe	Allgemeiner Teil des BGB, 5. Auflage, Karlsruhe 1984
Emmerich, Volker	Schuldrecht, Allgemeiner Teil, 4. Auflage, Heidelberg 1985
Emmerich, Volker / Sonnenschein, Jürgen	Miete: Handkommentar; §§ 535-580a BGB, 8. Auflage, Berlin 2003
Enneccerus, Ludwig	Allgemeiner Teil des Bürgerlichen Rechts, 15. Auflage, Tübingen 1952
Erman, Walter	Handkommentar zum BGB, 12. Auflage, Münster 2008
Esser, Josef / Schmidt, Eike	Schuldrecht, Allgemeiner Teil, Band 1, 8. Auflage, Heidelberg 1995
Fezer, Karl-Heinz	BGB Allgemeiner Teil, 5. Auflage, Konstanz 1995
Fikentscher, Wolfgang/ Heinemann, Andreas	Schuldrecht, 10. Auflage, Berlin 2006
Flume, Werner	Allgemeiner Teil des BGB, 4. Auflage, Berlin 1992

Gieseler, Dieter   Die Strukturen des Leistungsstörungsrechts beim
Schadensersatz und Rücktritt,
in JR 2004, 133 ff.

Giesen, Dieter   BGB Allgemeiner Teil: Rechtslehre
2. Auflage, Berlin 1995

Giesen, Dieter   Grundsätze der Konfliktlösung im
Besonderen Schuldrecht,
Teil A: Das Recht des Kaufvertrages
in Jura 1993, 354 ff.

Grigoleit, Hans Christoph /   Die Beschaffenheitsvereinbarung und
Herresthal, Carsten   ihre Typisierungen in § 434 I BGB
in JZ 2003, 233 ff.

Grunsky, Wolfgang   Das Recht auf Privatleben als Begrenzung vertraglicher Nebenpflichten,
in JuS 1989, 593ff.

Grundmann, Stefan   Zur Anfechtbarkeit des
Verfügungsgeschäftes
in Jura 1985, 80 ff.

Gursky, Karl-Heinz   Die Belastung des Bereicherungs-
gegenstandes durch den Kondik-
tionsschuldner
in JR 1992, 95 ff.

Haferkamp, Hans-Peter   Anfechtung von Grund- und
Erfüllungsgeschäft
in Jura 1998, 511 ff.

Hirsch, Christoph   Allgemeines Schuldrecht,
5. Auflage, Köln (u.a) 2004

Huber, Peter   Der Nacherfüllungsanspruch im
neuen Kaufrecht
in NJW 2002, 1004 ff.

Hübner, Heinz   Allgemeiner Teil des BGB,
2. Auflage, Berlin 1996

Huhn, Dieter   Vertragsschuldverhältnisse,
München 1974

Jauernig, Othmar   BGB Kommentar,
12. Auflage, München 2007

Jauernig, Othmar   Trennungsprinzip und
Abstraktionsprinzip
in JuS 1994, 721 ff.

Jorden, Simone /   Verbrauchsgüterkauf und Schuld-
Lehmann, Michael   rechtsmodernisierung
in JZ, 2001, 952 ff.

Köhler, Gerhard   Das Minderjährigenrecht
in JuS 1979, 789 ff.

Köhler, Helmut   Allgemeiner Teil des BGB,
31. Auflage, München 2007

Koppensteiner, Hans-Georg /   Ungerechtfertigte Bereicherung,
Kramer, Ernst A.   2. Auflage, Berlin, New York 1988

Kropholler, Jan	Studienkommentar BGB, 10. Auflage, München 2007
Kühn, Bernhard	Die Sachmängelgewährleistung des Kunst- und Antiquitätenhandels, 1. Auflage, München 1987
Larenz, Karl	Schuldrecht, Allgemeiner Teil I, 14. Auflage, München 1987
Larenz, Karl	Schuldrecht, Besonderer Teil II, 13. Auflage, München 1986
Martis, Rüdiger	Bereicherungsrecht, 1. Auflage, München 1994
Medicus, Dieter	Bürgerliches Recht, 21. Auflage, Köln (u.a.) 2007
Medicus, Dieter	Allgemeiner Teil des BGB, 9. Auflage, Heidelberg 2006
Medicus, Dieter	Schuldrecht I, Allgemeiner Teil, 17. Auflage, München 2006
Medicus, Dieter	Schuldrecht II, Besonderer Teil, 14. Auflage, München 2007
Medicus, Dieter	Ansprüche auf Geld in JuS 1983, 897 ff.
Münchener Kommentar zum Bürgerlichen Gesetzbuch, Band 1	Allgemeiner Teil, (§§ 1 - 240), 5. Auflage, München 2006
Münchener Kommentar zum Bürgerlichen Gesetzbuch, Band 2	Schuldrecht, Allgemeiner Teil, (§§ 241 - 432), 5. Auflage, München 2007
Münchener Kommentar zum Bürgerlichen Gesetzbuch Band 3	Schuldrecht, Besonderer Teil I, (§§ 433-610, CISG), 5. Auflage, München 2008
Münchener Kommentar zum Bürgerlichen Gesetzbuch Band 5	Schuldrecht, Besonderer Teil III, (§§ 657 - 853), 4. Auflage, München 2004
Musielak, Hans-Joachim	Grundkurs BGB 10. Auflage, München 2007
Nastelski, Karl	Die Zeit als Bestandteil des Leistungsinhalts, in JuS 1962, 289 ff.
Oetker, Hartmut / Maultzsch, Felix	Vertragliche Schuldverhältnisse, Berlin (u.a.) 2002
Palandt, Otto	Kommentar zum Bürgerlichen Gesetzbuch, 67. Auflage, München 2008
Pawlowski, Hans – Martin	Allgemeiner Teil des BGB, Grundlehren des Bürgerlichen Rechts, 7. Auflage, Heidelberg 2003
Prölss, Jürgen	Haftung bei Vertretung ohne Vertretungsmacht, in JuS 1986, S. 169

Prölss, Jürgen	Vertreter ohne Vertretungsmacht, in JuS 1985, S. 577
Raape, Leo	Sachmängelhaftung und Irrtum beim Kauf, AcP 150, 481 ff.
Rädler, Peter	Der Mieter in „Annahmeverzug" zur Vorschrift des § 552, in NJW 1993, 689ff
Reuter, Dieter	Die Belastung des Bereicherungs- gegenstandes mit Sicherungs- rechten, in Festschrift für Gernhuber, Tübingen 1993
Reuter, Dieter / Martinek, Michael	Ungerechtfertigte Bereicherung, 1. Auflage, Tübingen 1983
RGRK Band 1	Kommentar zum Bürgerlichen Gesetzbuch, (§§ 1-240), 12. Auflage, Berlin, New York 1982
RGRK Band 4	Kommentar zum Bürgerlichen Gesetzbuch, (§§ 631 - 811), 12. Auflage, Berlin, New York 1978
RGRK Band 5	Kommentar zum Bürgerlichen Gesetzbuch, (§§ 812 - 831), 12. Auflage, Berlin, New York 1989
Rüthers, Bernd / Stadler, Astrid	Allgemeiner Teil des BGB, 15. Auflage, München 2007
Schellhammer, Kurt	Zivilrecht nach Anspruchsgrundlagen, 2. Auflage, Heidelberg 1996
Schlechtriem, Peter	Schuldrecht, Besonderer Teil, 6. Auflage, Tübingen 2003
Schreiber, Klaus	Erfüllung durch Leistung an Minderjährige in Jura 1993, 666 ff.
Schreiber, Klaus	Neutrale Geschäfte Minderjähriger in Jura 1987, 221 ff.
Schulze, Reiner / Ebers, Martin	Streitfragen im neuen Schuldrecht in JuS 2004, , 265 ff., 462 ff.
Soergel, Hans-Theodor Band 1	Kommentar zum Bürgerlichen Gesetzbuch, Allgemeiner Teil, (§§ 1- 103), 12. Auflage, Stuttgart, Berlin, Mainz 1987. (§§ 104- 240), 13. Auflage, Stuttgart, Berlin, Mainz, 2000
Soergel, Hans-Theodor Band 2	Kommentar zum Bürgerlichen Gesetzbuch, Schuldrecht I, (§§ 241 - 432), 12. Auflage, Stuttgart, Berlin, Mainz 1990

Soergel, Hans-Theodor Band 5	Kommentar zum Bürgerlichen Gesetzbuch, Sachenrecht, (§§ 705 - 853), 11. Auflage, Stuttgart, Berlin, Mainz 1985
Stadler, Astrid	Gestaltungsfreiheit und Verkehrsschutz durch Abstraktion, 1. Auflage, Tübingen 1996
Staudinger, Julius von	Kommentar zum Bürgerlichen Gesetzbuch, 1. Buch, Allg. Teil, (§§ 164 - 240), 14. Bearbeitung, Berlin 2004
Staudinger, Julius von	Kommentar zum Bürgerlichen Gesetzbuch, 2. Buch, Recht der Schuldverhältnisse, (§§ 255 - 304), 14.Bearbeitung, Berlin 2004
Staudinger, Julius von	Kommentar zum Bürgerlichen Gesetzbuch, 2. Buch, Recht der Schuldverhältnisse, (§§ 293 - 327), 13. Bearbeitung, Berlin 1995
Staudinger, Julius von	Kommentar zum Bürgerlichen Gesetzbuch, 2. Buch, Recht der Schuldverhältnisse, (§§ 631 - 651), 14. Bearbeitung, Berlin 2003
Sternel, Friedmann	Mietrecht, 3. Auflage, Köln 1988
Wacke, Andreas	Nochmals: Die Erfüllungsannah- me durch den Minderjährigen – lediglich ein rechtlicher Vorteil?, in JuS 1978, 80 ff.
Westerman, Harm-Peter	Das neue Kaufrecht, in NJW 2002, 241 ff.
Westermann, Harm-Peter	Sachenrecht, 11. Auflage, Heidelberg 2005
Westermann, Harm-Peter / Bydlinski, Peter / Weber, Ralph	BGB-Schuldrecht, Allgemeiner Teil 6. Auflage, Heidelberg 2007
Wieling, Hans Josef	Sachenrecht, 5. Auflage, Berlin (u.a.) 2007
Wieling, Hans Josef	Bereicherungsrecht, 4. Auflage, Berlin 2006
Wolf, Eckhard / Eckert, Hans-Georg	Handbuch des gewerblichen Miet- und Pachtrechts, 8 Auflage, Köln 2000
Wolff, Martin / Raiser, Ludwig	Sachenrecht 10. Auflage, Tübingen 1957

Stichwortverzeichnis

Stichwortverzeichnis

Weiter zum Zivilrecht erschienen im
RICHTER-VERLAG

STREITSTÄNDE *kompakt*	**25 FÄLLE**
- BGB-AT/ Schuldrecht AT - Schuldrecht BT - Sachenrecht	- BGB-AT - Schuldrecht - Sachenrecht
Schuldrecht Kompakt	**60 Grundfälle zum Schuldrecht**